하루 한 장
엄마의 영어책
읽기 습관

• 아이를 키우면서 나를 잃지 않는 법 •

하루 한 장 엄마의 영어책 읽기 습관

장정아 지음

LEMON
CULTURE

차례

프롤로그 아이를 위해서 '나'로 살겠습니다   8

Chapter 1. | 영어 원서 읽기가 필요한 이유

육아에 발이 묶인 일상
아이와 나의 긴 하루   14
반복되는 일상   17
무기력한 내 모습   19

나에게 답이 있다
과거의 내 모습   22
갈 곳을 잃은 기분   25
영어 원서를 만나다   27

무너진 나를 일으킨 원서 한 줄
내향적인 성격에 잘 맞는 취미   31
뜻밖에 영어 원서에서 받은 위로   36
나이만큼 배우고, 깨닫는다   39

Chapter 2. | 영어 원서 읽기 - 실천 공식

공식1. 새로운 도전을 두려워 하지말라
영어 앞에서 작아지는 육아맘   48
쫄지 않기 위해 필요한 처방   51
나이가 어떻든, 지금이 적기다   55

공식2. 나만의 시간을 확보하라
이 세상 모든 엄마들은 바쁘다	60
공부할 시간을 어떻게 낼까	62

공식3. 나만의 공간을 정하라
습관의 힘은 공간에서 나온다	67
나만의 공간을 분류하라	69

공식4. 나만의 취향을 가져라
내게 맞는 영어 공부법은 '따로' 있다	74
나를 알면 '나만의 취향'이 보인다	77

공식5. 나만의 속도를 유지하라
무리하다가 생긴 '번아웃 증후군'	83
'번아웃 증후군'을 예방하는 두 가지 방법	86

Chapter 3. 영어 원서 읽기 - 활용법

평생 습관으로 만들기
실행 의도를 명확히 하라	93
환경을 조성하라	99

시작하기 전에 꼭 알아야 할 것들
영어 원서 고르는 기준	101
내 실력에 맞게 영어 원서 고르는 팁	104
✱ 다양한 영어 원서의 종류	109

나만의 방법

적은 양이라도 꾸준히 읽자	111
필사와 낭독, 때로는 번역서와 함께	113
'완독'의 기준을 스스로 세우자	116
영어 원서, 나는 이렇게 읽는다	118
해석이 안 되는 원인은 두 가지다	121
속도보다는 꾸준함이 우선이다	124
✱ 영어 원서 읽기 실천 가이드 3단계	126
✱ 단계별 추천 원서	129

'필사'라 쓰고 '힐링'이라 읽는다

읽고, 기도하고, 쓰라	132
필사로 인생 문장을 마음에 새기다	136
산후 우울증을 극복하게 해준 영어 필사	138

영어 원서 필사, 완벽 파헤치기

필사로 마음을 치유하다	143
어떤 책을 하루에 얼마나 필사할까?	144
필기구와 노트만 있으면 절반 완성	147
✱ 필사 실천 가이드 3단계	150

영어 글쓰기 실력을 키우는 방법

필사하기 응용편 : 영작하기	154
영어 글쓰기, 이것만은 꼭 알아두자	159

귀와 입이 트이는 오디오북 활용법

듣기와 말하기 실력을 키우는 '쉐도잉'	161
오디오북 200% 활용하는 방법	167
✱ 오디오북 활용 가이드 3단계	169
✱ 그외 듣기와 말하기 훈련 자료	173

Chapter 4. 영어 원서 읽기로 다시 찾은 삶의 기쁨

영어 원서에서 얻은 깨달음
남과 비교하는 건 아무런 의미가 없다 — 176
믿고 나아가야 목적지에 도착한다 — 179
호기심은 또 다른 미래를 끌어당긴다 — 182

지친 나를 일으켜 세우다
관계를 돌아보는 여유가 생기다 — 187
흔들리지 않는 육아 철학을 만들다 — 191
꿈꿀 수 있는 기회를 찾다 — 194

'내'가 존재하는 삶
자신을 아낄 줄 아는 내가 되다 — 199
우리 집 풍경을 바꾼 '읽는 취미' — 203
엄마가 읽으면 아이도 따라 읽는다 — 206

에필로그 엄마가 행복해야 아이도 행복합니다 — 212

아이를 위해서
'나'로 살겠습니다

    2018년 1월 27일. 열 달 전 선물처럼 찾아온 아이가 드디어 세상에 태어났다. 폴폴 풍겨 오는 아기 냄새를 맡으며 품에 안긴 아이를 바라보는 것만으로 가슴이 벅찼다. 자그마한 손발에 피부가 뽀얀 아이는 한없이 예뻤다. 그렇게 엄마라는 새 이름을 얻었다.

    그때까지만 해도 한 아이의 엄마가 된다는 게 어떤 것인지 잘 몰랐다. 산후조리를 마치고 집으로 돌아온 후에야 '육아'라는 현실을 깨달았다. 자유를 뺏긴 채 꽁꽁 묶인 기분일 줄은 상상하지 못했다.

아이는 흔한 말로 '손이 탄 아기'였다. 등에 센서가 달린 것처럼 바닥에 눕히기만 하면 울어댔다. 엄마나 아빠 품에 안겨야만 울음을 뚝 그쳤다. 주말엔 나와 남편이 번갈아 가며 온종일 아이를 안았지만 남편이 출근한 뒤에는 오로지 혼자서 해내야만 했다.

너무도 사랑스러운 아이. 하지만 고목나무에 매달린 매미처럼 내게 찰싹 붙어 있는 아이와 하루를 보내다 보면 온몸이 근육통으로 여기저기 아팠다. 힘든 만큼 충분히 쉬질 못하니 다크서클이 발목까지 내려오는 듯했다. 낮에만 힘들고 밤에는 푹 쉴 수 있으면 좋으련만. 아이는 밤에 2시간마다 깨서 울었다. 남편은 출근을 위해 잠자리에 들어야 했고, 나는 밤새 홀로 아이를 안은 채 쪽잠을 자야만 했다.

'100일의 기적'이라는 말이 있다. 아이가 태어난 지 100일이 지나면 육아가 한결 수월해진다는 뜻이다. 그런데 내게 그 기적은 100일, 200일, 300일이 지나도 찾아오지 않았다. 아이는 여전히 밤마다 수시로 깨어 울었고, 그때마다 아이를 안고 어두운 집안 복도를 수도 없이 걸었다. 앞이 하나도 안 보이는 아주 어두운 터널 속에서 혼자 한 발짝 한 발짝 힘겹게 내딛는 듯했다.

아이가 보이는 애교와 재롱을 보면 웃음이 나다가도 어느 순간 텅 비어버린 마음 한편이 크게 느껴졌다. 무엇으로도 그 공간을 채울 수 없었다.

"그렇게 예쁜 아이랑 있는데 우울할 틈이 어딨어? 나는 너네 둘을 키울 때 너무 재밌었어."

친정 엄마는 내가 이상한 거라고 말했다. SNS에서 유명한 육아 멘토들은 본인이 육아 체질이라며 자신감을 내비치곤 했다.

'부럽다. 나는 정말 모성애가 없나?'

'아, 나는 이것밖에 안 되는구나. 다른 사람들은 다 잘하는데 나만 부족한 거구나.'

스스로 자책하니 더 괴로웠다. 그렇게 내 마음은 '아이를 향한 사랑'과 '나에 대한 질책'이라는 두 가지 감정으로 뒤범벅되어 혼란스러웠다. 자꾸 지쳐만 갔고, 마음 깊은 곳에서 우는 날이 늘어갔다.

아마도 내가 우울했던 건, '나'로서 존재하는 시간이 없었기 때문이리라. 나는 당시 그 어떤 수단으로도 '나'와 마주하고 있지 않았다.

그러던 어느 날 우연히 영어 원서 한 권을 읽었다. 책을 읽는 과정에서 생각지도 못한 위로를 받았고, 성취감과 즐거움까지 얻었다. 그 후로 지금까지 꾸준히 영어 원서를 읽으면서 삶에 지친 나를 바로 세울 수 있었다. 여러 시행착오를 겪으며 나만의 '영어 원서 읽기' 노하우도 쌓았다.

어떤 사람은 일을 하며 자아를 발견하고, 또 어떤 사람은 공부나 취미 등으로 진정한 '나'를 만난다. 나에겐 영어 원서 읽기가 온전히 나 자신이 되는 유일한 방법이었다. 누군가에게는 영어 원서 읽기가 가벼운 독서일 수 있지만, 내게는 육아에 지친 나를 붙들어주는 기둥이었다. 내 삶에 충실했던 시절도, 한때 잘했던 영어도 모두 잊어가던 시기에 내 안에서 발견한 열정이기도 하다.

육아를 하며 출산 이전에 보낸 시기가 까마득한 사람은 나뿐만이 아닐 것이다. 아이를 키우면서 한없이 무기력해지고 새로운 도전이 두렵기만 한 분들을 위해 이 책을 썼다. 내가 어떻게 영어 원서를 읽기 시작했는지, 영어 원서를 읽고 나서 삶에 어떤 변화가 있었는지 솔직히 적었다. 또한 평소 영어 원서 읽기나 영어 공부에 관심 있는 독자들을 위해 지금부터 당장 따라 할 수 있는 영어 원서 활용법도 자세히 다루었다. 육아하는 엄마라면 어떻게 시간을 써야 할지, 부모가 아니더라도 영어 공부를 어떻게 해야 할지 막막한 이들을 위해 내가 터득한 노하우를 아낌없이 소개했다.

  독자들이 책을 다 읽고 덮는 순간, "나도 영어 원서 읽기를 한번 해볼까?"라고 말하면 참 좋겠다. 꼭 영어 원서 읽기가 아니더라도 자신이 관심 있는 분야를 발견하고 도전해보려는 의욕이 생긴다면 더 바랄 것이 없다.

<u>You have the freedom to be yourself, your true self, here and now, and nothing can stand in your way.</u>
지금 여기에서 너 스스로, 네 본모습이 될 수 있는 자유를 가졌고 그 무엇도 네 길을 막을 수는 없다.

                              – 《갈매기의 꿈 Jonathan Livingston Seagull》, 리차드 바커

Chapter 1

영어 원서 읽기가
필요한 이유

육아에 발이 묶인 일상

아이와 나의 긴 하루

아침 8시. 남편이 출근하는 시각, 현관문이 닫히고 나면 아이와 나의 긴 하루가 시작된다. 먼저 아이 아침을 준비하기 위해 아이를 거실에 내려놓고 얼른 부엌으로 향한다. 어느새 아이가 기어와 내 다리를 꽉 붙잡고 매달리면 하는 수 없이 힘겹게 아이를 안고 이유식을 만든다. 그런데 막상 아이는 안 먹겠다며 입을 꽉 다문 채로 고개를 돌리고, 한참 실랑이를 벌인 후에야 밥 한 숟가락을 겨우 먹는다.

집안을 둘러보면 곳곳이 내가 해야 할 일투성이다. 거실에 널브러진 장난감과 책 정리하기, 세탁실에 쌓인 빨래 돌리기, 한참 동안 건조기에서 탈출하지 못한 수건 개기 등…. 한숨이 절로 나온다. 그 순간 입에 이유식을 한가득 물고만 있는 아이를 보니 속에서 울화가 치밀어 오른다.

"엄마가 빨리 먹으라고 했지!"

화내지 말아야겠다고 수천 번을 다짐했건만, 어느새 아이에게 큰소리를 치고 말았다. 눈치를 살피며 울먹거리는 아이 모습에 죄책감이 든다. 이런 일상이 도돌이표처럼 반복되어 끝날 줄을 모른다. 도대체 언제까지 이렇게 지내야 하는 걸까.

아이가 태어난 후 단 하루도 잠을 쭉 자본 적이 없다. 아이는 신생아였을 때 밤마다 2~3시간 간격으로 깨서 배고픔을 호소했다. 300일이 지나도 여전히 밤마다 수시로 깨서 우는 아이 덕분에 만성 수면 부족에 시달렸다. 밥 먹는 사이 아이가 울까 봐 시간을 줄이려고 빵이나 커피로 배를 채웠다. 어쩌다 밥을 먹을 때면 아기 띠로 아이를 안고 서서 국에 말아 후루룩 마시듯 삼켰다. 화장실에 갈 때도 자유롭지 않았다. 늘 엄마를 찾으며 우는 아이를 혼자 둘 수 없기에 화장실 문을 열어둬야 했다.

자고 싶을 때 실컷 자고, 친구들과 맛있는 음식을 먹으러 다니고, 편하게 화장실에서 볼일을 보던 시절이 있긴 있었나 싶다.

솔직히 나는 남편이 부럽다. 번듯한 직장에서 할 일이 있다는 것과 사람들을 만날 수 있다는 사실에 질투가 난다. 남편에겐 미안한 이야기지만, 일요일 저녁마다 출근하기 싫다는 남편의 말이 듣기 불편하다. 온종일 아이와 있으면서 누군가와 대화할 기회도 없는 내겐 그저 투정으로만 느껴진다. 동시에 억울함마저 든다. 육아에 발이 묶여 기본적인 생리 욕구조차 해결하기 힘든 나와 비교하면 남편은 아빠가 돼서도 크게 달라진 게 없어 보이기 때문이다.

늘 내가 아이의 모든 것을 책임지는 것만 같다. 남편은 보조해주는 정도로만 느껴진다. 내가 남편보다 물리적으로 아이와 더 많은 시간을 보내므로 당연히 육아하는 몫이 더 클 수밖에 없지만 말이다. 날마다 아침 일찍 넥타이를 매고 출근하는 남편의 모습을 보고 있으면 파자마 차림에 부스스한 내 모습이 더 구질구질해 보인다.

반복되는 일상

아이는 시도 때도 없이 울어댄다. 말을 못 하는 아이는 울음으로 모든 의사를 표현한다. 뱃속에 열 달을 품었다 낳은 내 자식이지만 울음의 의미를 단번에 이해하기란 쉬운 일이 아니다. 아무리 달래고 안아도 울음을 멈추지 않을 때면 나도 같이 울고 싶다. 그러다 아이가 성질부리면 나도 모르게 화가 치솟아 소리를 빽 지르기도 한다. 끓어오르는 감정을 주체하지 못하고 한바탕 쏟아낸 후에는 언제나 걷잡을 수 없는 후회와 죄책감에 시달린다. 육아가 아무리 '산 넘어 산'이라고 한다지만, 매일 롤러코스터를 타는 듯한 기분이다.

언젠가 한 지인이 자신의 SNS에 올린 아이 사진과 글을 본 적이 있다. 사진 속 지인의 모습은 사랑이 넘치는 엄마처럼 보였다. 아이가 말을 안 들어도 화를 잘 안 낼 것 같았다. 사진과 함께 적은 글에는 아이가 이유식도 잘 먹고 밤에 잠도 잘 잔다는 칭찬이 가득했다. 아직도 밥때마다 억지로 겨우 몇 숟갈 삼키고 밤마다 수도 없이 깨는 우리 아이와 비교가 되었다. 그리고 그 비교의 화살은 나에게 돌아왔다.

'내가 아이를 잘못 키우고 있는 걸까? 모성애가 없는 엄마라 이런 걸까?'

나는 지인에 비해 한없이 부족하고 못난 엄마인 듯 보였다. 좋은 엄마 되기가 이렇게 어려울 줄이야.

가끔 기분이 바닥까지 내려앉을 땐, 누군가에게 전화라도 걸고 싶다. 그러나 내겐 마음을 터놓고 이야기를 나눌 사람도 딱히 없다. 아침 일찍 출근해서 밤늦게 퇴근하는 남편의 얼굴에는 늘 피곤이 가득하다. 내 이야기에 귀 기울여줄 여유는 없어 보인다. 친구들에게 전화 걸기도 쉽지 않다. 대부분 직장 생활하느라 바쁜 데다 아직 미혼이거나 신혼이기에 육아의 고충을 전혀 공감하지 못할 것 같다.

육아 동지라도 있으면 좋으련만. '조리원 동기(산후 조리원에서 함께 지낸 산모)'조차 미처 만들지 못했다. 멀리 계시는 부모님께 전화를 걸어볼까 싶을 때가 많지만 그러지 못한 날들이 더 많다. 내 속마음을 말씀드렸을 때 돌아올 대답이 눈에 훤하다. 다들 그렇게 사는 거라고, 결혼해서 애 낳고 키우는 것도 복이라고 하시겠지.

나도 가정을 꾸리고 아이를 잘 키우는 것은 그 자체가 행복이라는 걸 잘 안다. 그런데 이상하게도 현실은 행복과 거리가 먼 것 같다. 아이가 커갈수록 내 마음에는 공허함이 자라고, 육아는 생각보다 힘이 든다. 몸보다도 마음이 더 지친 듯하다. 이유식을 만들어 먹이고, 씻기고, 재우고, 놀아주기가 반복되는 일상이 무료하다. 가끔 심한 우울감이 찾아올 때면 지하 100층으로 훅 떨어지는 기분이 든다. 마치 내가 이 세상에서 할 수 있는 일이라고는 육아와 집안일밖에 없는 것처럼 느껴진다.

무기력한 내 모습

나의 하루는 아이의 낮잠 시간 전과 후로 나뉜다. 오전은 그럭저럭 활기차게 보내는 편이다. 몇 시간만 참으면 아이가 낮잠을 잔다는 생각으로 버틴다. 아이가 잘 때 혼자 무엇을 할지, 오후에 아이와 무엇을 하며 놀지, 가볍게 어디로 산책을 할지 계획을 세우기도 한다.

드디어 낮 12시. 아이가 잠에 들면 내게 유일한 자유 시간이 시작된다. 그런데 막상 오후가 되니, 활기차던 오전 시간대와 달리 모든 게 귀찮고 무기력하다. 오후에 무엇을 하면 좋을지 고민하던 모습은 싹 사라지고 만다. 아이가 낮잠을 자는 사이 나는 주로 거실 소파와 한 몸이 되어 축 늘어진 채 시간을 보낸다. 보통 스마트폰을 들여다보거나 TV를 틀어 놓는다. 몸은 쉬는데, 마음은 더욱 답답해져만 간다.

하루 중 낮 시간대가 가장 지루하고 견디기 힘들다. 아이를 안은 채 멍하니 창밖을 바라보노라면 창가로 들어오는 노란 햇살이 내 마음을 후벼 파는 것만 같다. 거리에 바삐 움직이는 사람들과 목적지로 쌩쌩 달리는 자동차를 보며 나만 세상과 단절된 건 아닌가 하는 생각이 든다.

집 근처 커피숍에라도 갈까 싶어 옷을 주섬주섬 챙겨 입는다. 하지만 준비는 그걸로 끝이 아니다. 외출 한 번 하는데 챙겨야 할 짐은 어찌 그리도 많은지. 집 앞 공원을 잠깐 산책하려 해도 물티슈와 기저귀, 분유는 필수다. 너무 귀찮다.

'어차피 나가봤자 애가 가만히 있지 않을 텐데 뭐.'

결국, 아이를 안고 좁은 거실만 왔다 갔다 한다. 그러던 중 전화가 걸려온다. 엄마다. 엄마 목소리를 듣는 순간 나도 모르게 눈물이 쏟아진다. 그리고 과거의 내가 떠오른다. 부모님의 단단한 울타리 안에서 오롯이 '나'에게 집중할 수 있었던 10대,

20대 내 모습이 스쳐 지나간다. 그때 모습과 지금 무기력한 내 모습이 비교되자 감정이 북받쳐 오른다.

도저히 이대로는 안 될 것 같다. 엄마가 행복해야 아이도 행복하다는데 무기력한 엄마 곁에서 아이가 행복하게 자랄 수 없다. 그러려면 내가 달라져야만 한다. 내 공허한 마음을 채우고 무기력감에서 벗어날 수 있도록 온전히 나를 위한 취미를 가져야겠다고 다짐한다.

영어 원서 속에서 만난 인생 문장

Being a mom is wonderful, and it is tough. So wonderful and so tough that we all need to stick together and applaud each other like mad.

엄마가 되는 것은 특별하면서도 힘든 일이다. 정말로 무척이나 힘이 들기에 우리 모두 똘똘 뭉쳐서 서로에게 열렬한 격려와 박수를 보내야 한다.

– 《Chicken Soup for the Expectant Mother's Soul》, Jack Canfield

과거의 내 모습

아이 옆에 누워 뒤척인다. 잠든 아이 얼굴을 보니 더욱 고민이 커진다.

'이 천사 같은 아이의 평온한 표정을 지켜주려면 내가 무엇부터 해야 할까? 어디서부터 어떻게 해야만 이 반복되는 무기력감에서 벗어날 수 있을까?'

일단 내가 좋아하는 것들을 찾아보기로 한다. 하지만 막상 나서서 찾으려니 쉽게 떠오르지 않는다. 솔직히 말해서, 떠오른 게 있어도 육아에 매인 나로서는 실천할 수 없는 것이 대부분이다. 쇼핑, 영화 보기, 맛있는 것 먹으러 다니기, 여행 가기, 와인 마시기 등.

   결국엔 다시 원점이다. 이제는 내가 좋아하는 것들을 찾되 '집에서 할 수 있는'이라는 조건을 달아본다. 그러자 오히려 쉽게 답이 떠오른다. 바로 '독서'와 '영어 공부'.

   자연스레 몸을 일으켜 책상 앞에 앉았다. 책장에는 책과 예전에 영어 공부할 때 사용했던 자료들이 꽂혀 있다. 오랜만에 영어 자료를 꺼내 하나하나 살펴본다. A4 용지에 빽빽하게 적힌 영어 문장을 보니 마치 꿈을 위해 영어 공부하던 20대 시절로 되돌아간 것만 같다. 그 순간 내 머릿속에서 전등이 탁 켜진다.

   '아, 이거다!'

   2007년 대학교 3학년에 재학 중이던 시절, 나는 외국 항공사 승무원이 되려는 꿈을 품었다. 꿈을 이루려면 영어를 꽤 잘해야만 했다. 그 당시 내 영어 실력은 내 이름 하나 겨우 소개할 수준이었다. 본격적인 기초 회화 공부를 위해 《Grammar In Use》 책을 외우기 시작했다. 예제 문장 중 5개를 고른 다음 큰 소리로 문장을 여러 번 읽고, 노트에 쓰고, 또 외웠다. 약 3개월 후 나는

《Grammar In Use》책 한 권을 통째로 외울 수 있었다. 그 후에도 다양한 주제를 영어 단문으로 다룬 책을 외우거나 영화 대사와 강연 스피치를 듣고 따라 말하는 등 1년 이상 영어 공부를 꾸준히 했다. 졸업을 앞두고 본격적으로 항공사 면접에 도전했고, 시행착오를 몇 번 겪은 끝에 내가 원하는 꿈을 이룰 수 있었다.

나는 항공사 승무원이 되어서도 영어에 대한 끈을 놓지 않았다. 영어 강사가 되겠다는 또 다른 목표가 있었기 때문이다. 한국으로 돌아와 영어 강사가 되기 위해 TESOL 과정을 이수했다. 강사가 된 후로는 늘 학생들에게 동기 부여가 되도록 내가 공부하는 모습을 보여주곤 했다. 그렇게 나는 내 20대 시간 대부분을 영어와 함께했다.

영어를 배우고 공부하며 가르치던 과거의 내 모습을 떠올리자 답은 더욱 선명해졌다. 지금 느끼는 공허함을 채우고 나다워질 수 있는 취미는 바로 영어 공부였다. 무엇이든 원하는 일을 마음껏 하고 그 과정에서 내가 살아 있음을 느끼는 것이야말로 마음이 단단해지는 유일한 방법이니까.

독서가 세상 이야기로 마음을 차분하게 만들어주는 친구라면, 영어 공부는 처음으로 성취감을 느낄 수 있게 도와준 고마운 친구이다. 이번에도 영어는 내게 고마운 존재가 될 것만 같다. 하루아침에 경단녀가 되어 초췌해진 내 삶에 유일하게 자신감을 주는 친구로서 나를 위로해줄 거라는 확신이 들었다.

갈 곳을 잃은 기분

너무 오랜만에 영어를 접해서일까. 무엇부터 시작해야 하는지 도무지 감이 잡히지 않는다. 이럴 때 어학원에 등록해서 수업을 들으면 좋으련만, 아이를 등에 업고 학원에 나갈 수도 없는 노릇이다. 24시간 아이와 붙어 지내야 하는 상황에서 책을 볼 수 있는 건지도 잘 모르겠다. 일단 집콕 생활을 하며 할 수 있는 공부 방법을 찾아보기로 했다. 가장 먼저 전화 영어가 떠올랐다. 아이가 낮잠 자는 시간을 이용해 원어민 상사와 전화로 매일 25분씩 영어 공부를 한다. 아이가 자지 않을 때는 아기 띠로 아이를 안고 온 집안을 돌아다니며 전화 영어수업을 듣는다. 허리와 어깨가 아프지만, 그래도 괜찮다. 영어에 몰입하는 그 순간만큼은 내가 진짜 살아 있는 것만 같다.

그로부터 두 달이 지난 지금 여전히 매일 전화 영어를 한다. 그런데 어찌 된 일인지 내 영어 실력은 제자리다. 몇 가지 영어 패턴만 반복해서 돌려가며 사용하는 기분이랄까. 그러다 보니 흥미가 점점 떨어진다. 아무래도 방법을 바꿔봐야 할 것 같다.

목표를 세웠다. 공인어학시험 OPIc에서 만족할 만한 결과를 만들기로 했다. 시험을 준비하며 주로 낮에는 강의를 듣고 밤에는 나만의 답변을 만들어 외우고 말하는 연습을 했다. 여전히 육아 때문에 수면과 식사 등이 부족해 힘들었지만, 내 실력을 증명해 보일 수 있는 '점수'를 만들겠다는 생각 하나로 이 악물고 버텼다. 드디어 얼마 후 나는 원하던 결과를 손에 쥐었다.

기쁘고 설레는 마음도 잠시, 며칠이 지나자 마음이 다시 일렁인다. 살아 있는 느낌이라곤 전혀 들지 않는다. 오히려 더 큰 공허함이 몰려온다. OPIc 시험을 보기 전에는 내가 원하는 점수만 받으면 된다고 생각했는데, 그럼 내 마음이 좀 편해지지 않을까 싶었는데 막상 현실은 그 반대다. OPIc에서 Advanced Low 등급이라는 결과가 하나 생긴 것 말고는 내 삶에 아무런 변화가 없다. 오히려 갈 곳을 잃은 기분이다. 가야 할 곳이 없어지자 마음 한구석에 웅크렸던 잡생각들이 다시 활개를 치며 시도 때도 없이 부정적인 감정을 만들어낸다. 자, 이젠 뭘 해야 할까?

영어 원서를 만나다

다시 책장으로 향했다. 책이라도 읽으며 답답한 마음을 달래볼 생각이다. 빽빽하게 꽂힌 책들 사이로 얄팍하고 조그마한 책 한 권이 눈에 들어온다. 스펜서 존슨이 쓴 《선물 The present》의 영어 원서다. 고등학생 때 한국어 번역서로 읽은 적이 있는데, 언젠가 원서로도 읽어야겠다며 꽤 오래전에 사놓았던 책이다. 낮잠을 자는 아이 눈치를 살피며 책을 가지고 거실 식탁으로 자리를 옮겨 천천히 원서를 읽어 내려갔다. 수많은 영어 문장들 틈에서 한 구절에 눈길이 머물렀다.

Being in the present means turning out distraction. And paying attention to what is important now. You create your own present by what you give your attention to today.
현재에 존재한다는 것은 잡념을 없앤다는 뜻이다. 또한 지금 중요한 일에 관심을 쏟는다는 뜻이다. 우리가 무엇에 관심을 쏟는가에 따라 소중한 선물을 받을 수도 있고 받지 못할 수도 있다.

이 부분은 자신이 무엇에 관심을 가지느냐에 따라 오늘을 선물처럼 보낼 수도 있고 아닐 수도 있다는 것을 말해준다. 이 구절을 읽으니 내가 왜 다시 공허함을 느꼈는지, OPIc에서 원하는 목표 점수를 겨우 얻었지만 왜 그 기쁨이 오래가지 않았는지 알 것 같았다.

나는 그동안 영어 공부를 하는 과정 자체에는 그 어떤 의미를 두지 않았다. 과정이 어찌 됐든 결과만 잘 나오면 된다고 생각했다. 그러다 보니 공부를 즐기기보다는 목표를 이루는 데에 압박감을 느꼈다. 열정 어린 나를 찾기 위해 영어 공부를 시작했지만, 어느새 그저 눈으로 보이는 결과에만 집착했던 것이다. 이런 생각을 하자 내가 왜 육아로 힘들어했는지도 이해가 갔다.

육아하는 내내 무기력에 허덕이던 나는 얼른 이 감정에서 벗어나고 싶다는 생각에만 갇혀 지냈다. 그래서 아이와 함께하는 순간에 온전히 집중하지 못했다. 아이가 주는 사랑과 기쁨을 제대로 알아차리지도 못하면서 남들이 정해놓은 '좋은 엄마'의 기준을 따라가려고 안달할 뿐이었다.

이유를 알고 나니 어떻게 해야 할지 머릿속에 그려졌다. 영어 공부든 육아든 오롯이 그 순간에 집중하고 관심을 쏟아 부어야 한다고 생각했다. 시계를 보니 꽤 오랜 시간이 흘렀다. 앉은 자리에서 원서 한 권의 반이나 되는 분량을 단숨에 읽어버린 셈이다. 책을 읽은 것뿐인데 마음이 개운하다. 우연히 읽은 원서에서 반복되는 무기력과 공허함을 무엇으로 채울지 해답을 찾았다. 그리고 잠시나마 책 속 세계에 머무르며 일상을 벗어날 수 있었다. 그 날 이후로는 틈만 나면 원서를 집어 들었다.

삶에는 사건과 고민이 연달아 생긴다. 그러니 '이것만 하면 행복할 거야.'라는 말을 공식처럼 우리 인생에 적용할 수는 없다. 어쩌면 행복은 이미 있는 걸 찾는 게 아니라 새롭게 얻는 게 아닐까. 나는 영어 원서를 읽으며 행복에 다다르는 몰입감과 즐거움을 얻었다. 한 행 한 행 천천히 따라 읽어 내려가는 동안 삶에 지친 나를 다시 일으켜 세울 수 있었다. 작가와 한 호흡이 될 때, 주인공이 내 마음을 위로해주는 것만 같을 때, 마음을 울리는 구절을 만날 때 비록 책 한 권이 부와 명예를 선사해주지 못할지라도 영어 원서 읽기는 나에게 힘이 되어 주었다.

영어 원서 속에서 만난 인생 문장

I showed the grown-ups my masterpiece, and I asked them if my drawing scared them. They answered, "Why be scared of a hat?". My drawing was not a picture of a hat. It was a picture of a boa constrictor digesting an elephant. Then I drew the inside of the boa constrictor, so the grown-ups could understand. They always need explanation. The grown-ups advised me to put away my drawings of constrictions outside or inside, and apply myself instead to geography, history, arithmetic, and grammar. That's why I abandoned, at the age of six, a magnificent career as an artist.

난 나의 걸작을 어른들에게 보여주었고 그 그림이 무서운지 물었다. 어른들은 내게 대답했다. "모자가 왜 무섭겠어?" 내가 그린 그림은 모자가 아니었다. 그건 코끼리를 소화하는 보아 뱀이었다. 그래서 난 어른들이 이해할 수 있도록 보아 뱀의 배 속을 그렸다. 어른들은 언제나 설명이 필요하다. 어른들은 내게 속이 들여다보이거나 들여다보이지 않는 보아 뱀 그림은 덮어두고 지리, 역사, 산수와 문법에 관심을 가지라고 충고해주었다. 내 나이 여섯 살에 화가라는 멋진 직업을 포기한 이유는 이 때문이다.

- 《어린 왕자 The Little Prince》, 생텍쥐페리

> **무너진 나를 일으킨
> 원서 한 줄**

내향적인 성격에 잘 맞는 취미

 밤에 잠들기 전 잠시 핸드폰을 본다. SNS에 지인들의 사진이 파노라마처럼 펼쳐진다. 같은 또래 아이를 키우는 친구들끼리 모여 공동육아를 하고, 여기저기 놀러도 다니는 듯하다. 그 모습이 행복해 보여서, 나도 육아 동지를 만들면 어떨지 생각해본다. 하지만 곧 내겐 쉽지 않은 일이라는 걸 깨닫는다.

 언제부턴가 여러 사람들과 어울리는 것보다 혼자서 조용히 지내는 시간이 더 좋아졌다. 누군가와 대화를 나누며 에너지를 얻는다는 사람도 있지만, 나는 반대로 에너지가 소모되는 느낌이 든다. 대화를 나눌수록 힘이 빠지는 느낌은 아이를 키우면서 더 심해졌다. 육아로 탈진해 있을 때가 많다 보니 동네 친구 하나 만드는 일조차 내겐 너무나 어려운 일이 되어버렸다. 아이들이 놀이터에서 뛰어노는 동안 엄마들끼리 하하호호 떠드는 모습을 보면 부럽긴 하다. 그러나 감히 그 사이에 낄 엄두는 나지 않는다.

문화센터에서 알게 된 엄마가 아이와 함께 만나자고 제안했지만, 그마저도 고민을 여러 번 한 후에야 약속을 잡았다. 그리고 즉흥적인 만남은 한사코 거절했다. 예상 밖의 시나리오는 늘 부담스러웠다. 익숙하지 않은 사람들과의 대화는 조심스러웠고, 저마다 육아 가치관이 다른 엄마들끼리 의견 차이를 보일 때마다 왠지 모르게 불편했다. 다른 사람에게 내 일상을 공유하고 마음을 터놓는 일이 소모적이라고 느꼈다. 그래서 새로운 만남에 에너지를 쏟기보단 책 속 이야기에 귀를 기울였다.

가끔은 이런 나 자신이 이상한 건 아닌지 하는 생각도 든다. 뭐든 혼자일 때보다 둘이 좋고, 둘보단 셋이 좋은 건데. 게다가 육아 동지가 생기면 아이에게도 친구가 생기는 거나 다름없는데, 나는 왜 망설이는 걸까?

마이크 비킹이 쓴《휘게 라이프, 편안하게 함께 따뜻하게 The Little Book Of Hygge》의 한 구절을 곱씹으며 '나'를 조금 더 이해할 수 있었다.

> Introverts often prefer to devote their 'social time' to loved ones whom they know very well, to have meaningful conversations or to sit down and read a book with something warm to drink. Introverts are social, but in a different way.

내향적인 사람은 보통 친근한 사람과 시간을 보내길 좋아한다. 의미 있는 대화를 나누거나 책상 앞에 앉아 따뜻한 음료를 마시며 책을 읽는 것을 선호한다. 내향적인 사람도 사교적이다. 다만 방식이 다를 뿐이다.

한때 꽤 외향적이었다가 어느새 내향적으로 변한 내가 이상한 게 아니었다. 그저 외향적인 엄마들과는 성향이 다를 뿐이었다. 그리고 나는 또 다른 책에서 나와 비슷한 성향을 가진 사람을 만날 수 있었다.

I'm not much for team sports. That's just the way I am. Whenever I play soccer or baseball actually, since becoming an adult this is hardly ever - I never feel comfortable. Maybe it's because I don't have any brothers, but I could never get into the kind of games you play with others. ··· I'm much more interested in whether I reach the goals that I set for myself, so in this sense long-distance running is the perfect fit for a mindset like mine.

나는 팀 경기에 적합한 인간이라고는 말할 수 없다. 그저 그게 나일뿐이다. 축구나 야구처럼 여러 사람이 함께하는 경기는 성인이 되어서도 잘 맞지 않았다. 언제나 어렴풋이나마 거북스러운 기분을 느끼지 않을 수 없었다. 어쩌면 나에게 형제가 하나도 없기 때문일까. 하지만 다른 사람들과 함께 뛰어야 하는 경기에는 결코 녹아들 수 없었다. ··· 나는 내가 설정한 기준을 달성할 수 있는가 없는가에 더 관심이 쏠린다. 그런 의미에서 장거리를 달리는 것은 내 성격에 아주 잘 맞는 스포츠였다.

소설가 무라카미 하루키는 《달리기를 말할 때 내가 하고 싶은 이야기 What I Talk About When I Talk About Running》에서 자신이 장거리 달리기를 하는 이유를 설명한다. 그는 다른 사람들과 함께하는 운동을 좋아하지 않는다. 어떤 일이 됐든 다른 사람을 상대로 이기고 지는 것에 관심이 없으며 자신이 설정한 목표에 관해서만 관심이 있다고 한다.

나는 무라카미 하루키의 이야기를 읽고 안도의 한숨을 내쉬었다. 그도 자신만의 시간을 중요하게 생각하며, 혼자 보내는 시간을 가장 즐기는 것 같아서였다. 운동은 함께해야 제맛이라는 다수의 의견에 맞서 'NO'라고 주장하며 꿋꿋하게 매일 달리기를 하는 그를 보며 용기를 얻었다.

꼭 새로운 육아 동지를 만들고 평생 인연을 쌓아야만 삶이 즐겁고 신선한 것은 아니다. 나의 성격에 잘 맞는 취미 하나가 있고 나를 잘 아는 오래된 벗 하나만 있으면 그만이다. 그런 의미로 따지자면, 내겐 이미 가깝고 늘 함께하는 소중한 친구가 셋이나 있다. 인생이라는 넓은 바다 위에서 평생 나와 함께 노를 저어줄 남편, 이 세상에서 나를 제일 사랑해주는 아이, 언제 어디서나 펼치기만 하면 또 다른 세상으로 나를 데려가 주는 영어 원서. 비록 새로운 육아 동지를 만들지는 못했지만, 평생 인연을 이어 갈 내 소중한 친구 셋이 곁을 지켜주니 든든하다.

뜻밖에 영어 원서에서 받은 위로

새벽 2시. 아이가 깨어 엄마를 찾으며 운다. 아이는 잠에 예민하다. 단 하루도 쭉 자본 적이 없다. 이제 곧 만 세 살인데도 여전히 수시로 깬다. 그럴 때마다 컴컴한 집에서 힘든 전쟁을 혼자 이어가는 기분이 든다. 이를 아는 주변 사람들은 "크면 다 잘 자게 돼.", "시간이 약이야."라는 말로 위로해주지만, 크게 도움이 되지는 않는다.

나도 시간이 지나면 다 해결된다는 건 알고 있다. 그들의 말처럼 아이가 언젠가 커서 늦잠도 자는 날이 올 것이다. 정해진 답이 있는 건 아는데, 내 마음이 문제다. 마음은 생각대로 잘 움직여주지 않는다. 이렇게 마음이 엉켜 있고, 사람들의 조언이 도움되지 않을 땐 어김없이 영어 원서를 펼쳐 읽는다. 책 속에는 주인공의 성공과 실패, 인생이 담겨 있다. 그리고 그 속 어딘가엔 나에게 꼭 필요한 조언이 숨어 있다. 책에서 귀한 문장을 만

나며 내 마음도 한 가닥씩 풀린다.

하루는 잭 캔필드의 《Chicken Soup for the Expectant Mother's Soul》을 읽었다. 한 엄마가 밤새 자지 않는 아이를 안고 흔들의자에 앉은 모습을 묘사한 구절에 시선이 멈추었다.

Suddenly I realized that I was not alone. All over the globe, women were holding their babies. Some were lucky enough to sit in rockers. Some crouched on the ground. Some had a roof over their heads, as I did. Many more were exposed to the elements, shielding their babies from the rain, the snow, the sun. We were all alike. We held our children and prayed. ⋯ But for a moment, under the same pale moon, we were all together. Rocking our babies and praying. Loving them and hoping. Forma that night on, I viewed my time differently. The fatigue never left me. The seat never seemed any softer. But as I sat with him, I felt the company of a million women, a billion womenmothers, all, holding our babies in our arms.

문득 난 혼자가 아니라는 생각이 들었다. 지금 이 순간, 세상의 많은 엄마가 아이를 안고 있을 것이다. 어떤 이는 운이 좋아 흔들의자에 앉아서 아이를 달래고, 어떤 이는 바닥에 웅크려 아이를 안고 있겠지. 누군가는 나처럼 집에서 아이를 돌보고, 또 더 많은 이들이 비바람을 맞아가며 아이를 지켜내고 있겠지. 비가 오고 눈이 와도, 뙤약볕이 내려도. … 하지만 지금 이 순간, 창백한 달빛 아래서 우리는 모두 하나다. 우리 엄마들은 저마다 아이를 안고 기도할 것이다. 사랑과 희망으로. 그날 밤 이후로 아이와 함께하는 내 시간은 달라졌다. 피곤함은 여전했지만, 내가 앉은 자리는 더없이 포근했다. 아이를 안고 있을 때면 세상에 있는 수많은 엄마와 함께한다는 충만감이 밀려왔다.

_《Chicken Soup for the Expectant Mother's Soul》, Jack Canfeld

밤새도록 아이를 안고 재우는 일을 언제까지 할 수 있을지 모르겠다던 엄마는 어느새 깨닫는다. 몸은 녹초가 되었지만 아이를 안고 있는 것 자체만으로도 축복이라는 것을. 자신에게는 고되고 외로운 순간이지만, 어떤 이에겐 그토록 바라던 순간일지도 모른다는 것을 말이다.

이 구절을 읽고 이 세상엔 나와 같은 기분을 느끼는 엄마가 많다는 것을 새삼 깨달았다. 어두컴컴한 거실에서 혼자 아이를 안고 외롭다고 생각한 순간에, 나와 마찬가지로 이 세상 많은 엄마가 아이를 재우느라 애썼을 것이다. 이 사실을 안 것만으로도 커다란 위로가 되었다.

한편으로는 내가 얼마나 축복받은 사람인지도 되새겨볼 수 있었다. 아이를 가지고 싶어도 여러 이유로 가질 수 없는 부모들이 세상에 얼마나 많은가. 나는 아이가 태어나기 이전의 삶과 현재를 비교하며 지금 내 삶이 아무것도 아닌 것만 같다고 여겼던 마음을 버리기로 했다. 그리고 이렇게 생각하기로 한다. 나는 아이에게 우주와 같은 존재이며, 절대적인 사랑을 줄 수 있는 훌륭한 엄마라고.

나이만큼 배우고, 깨닫는다

살다 보면 종종 이런 순간을 경험한다. 당시엔 이해되지 않던 일들이 시간이 한참 흐른 후 갑자기 이해가 되는 순간 말이다.

살다 보니 아이를 낳고 어릴 땐 알지 못했던 엄마 마음이 이해 가고, 냄새만 맡고도 미간을 찡그렸던 청국장이 어느새 가장 좋아하는 음식이 된 걸 깨닫고, 학창시절 이해하기 어려웠던 책 내용에 공감이 된다.

내겐 영어 공부도 그랬다. 학교 다닐 땐 영어가 사라졌으면 좋겠다고 생각했지만, 지금은 반대로 영어 때문에 삶이 즐겁다. 가끔 내가 학생이었을 때 영어 원서의 재미를 알고 읽었더라면 어땠을까 하는 생각을 한다. 유명한 영어 강사들을 보면 모두 어렸을 때부터 영어 원서를 즐겨 읽었다던데, 나도 아마 그들처럼 되지 않았을까 하는 상상도 해본다.

그런데 난 엄마가 되고 나서, 30대를 넘기고 나서 영어 원서를 접한 것이 오히려 다행이라는 생각을 한다. 영어 실력의 차이를 떠나 책 속 주인공에게 공감하는 정도의 깊이가 10대, 20대 때와는 확연히 다르다. 글자를 글자로만 보지 않고 글자가 그려내는 그림 속에 '나'라는 사람을 집어넣는다. 나라면 어땠을지, 나와 같진 않은지, 앞으로 내 삶에 어떻게 적용하면 좋을지 등을 깊게 고민해본다.

To you, Mom was always Mom. It never occurred to you that she had once taken her first step, or had once been three or twelve or twenty years old. Mom was Mom. She was born as Mom. Until you saw her running to your uncle like that, it hadn't dawned on you that she was a human being who harbored the exact same feeling you had for your own brothers, and this realization led to the awareness that she, too, had had a childhood. From then on, you sometimes thought of Mom as a child, as a young woman, as a newlywed, as a mother who had just given birth to you.

너에게 엄마는 처음부터 엄마였다. 너의 엄마에게도 첫걸음을 뗄 때가 있었다거나 세 살 때가 있었다거나 열두 살 혹은 스무 살이 있었다는 것을 상상해본 적이 없었다. 너는 처음부터 엄마를 엄마로만 여겼다. 처음부터 엄마로 태어난 인간으로. 엄마가 너의 외삼촌을 두고 오빠! 부르며 달려가는 그 순간의 엄마를 보기 전까지는. 엄마도 네가 오빠들에게 갖는 감정을 마음속에 지니고 사는 인간이란 깨달음은 곧 엄마에게도 어린 시절이 있었겠구나 하는 자각으로 이어졌다. 그때부터인 것 같다. 간혹 너는 엄마의 유년을, 소녀 시절을, 처녀 시절을, 신혼이었을 때를, 너를 낳았을 때를 생각해보곤 했다.

신경숙 작가가 쓴 《엄마를 부탁해 Please Look After Mom》의 영어 번역서에 나온 대목이다. 작품 속 주인공이 어떤 마음으로 '내가 모르는 엄마'의 모습을 상상해봤을지 그 마음을 너무도 잘 알 것 같다. 나 역시 아이를 낳고 나서부터 문득 엄마라는 사람의 인생을 생각해보는 일이 많아졌기 때문이다. 아이와 함께 있다가도 나도 모르게 '엄마는 아빠와 사랑에 빠졌을 때 어떤 모습이었을까?', '나와 여동생을 키우면서 어떤 생각을 자주 했을까?', '그때의 엄마는 꿈이 있었을까?' 하는 생각을 한다. 내가 만약 이 작품을 조금 더 어렸을 때 읽었더라면 이 대목에서 고개를 끄덕이며 공감하지 못했을 것이다.

R. J. 팔라시오가 쓴 《아름다운 아이 Wonder》에는 안면기형으로 태어난 아이 '어거스트'와 아빠, 엄마, 누나가 주인공으로 등장한다. 이 책을 읽으면서 한 아이의 엄마로서 내내 가슴이 너

무 아팠다. 가장 마음이 아팠던 건 어거스트가 자신을《윔피 키드 Diary of a Wimpy Kid》에 나오는 썩은 치즈로 비유한 부분이었다.

> I think it's like the Cheese Touch in Diary of a Wimpy Kid. The kids in that story were afraid they'd catch the cooties if they touched the old moldy cheese on the basketball court. At Beercher Prep, I'm the old moldy cheese.

《윔피 키드》에 나오는 '치즈 터치'가 떠올랐다. 그 책에서 아이들은 농구 코트 바닥에 붙은 곰팡이가 핀 오래된 치즈를 만지면 세균에 감염된다며 벌벌 떤다. 우리 학교에서는 내가 바로 곰팡이가 핀 오래된 치즈다.

초등학교에 입학한 어거스트에게 친구들이 말도 걸어주고 애써 호의를 보이며 다가오지만 자기를 만지려는 친구는 없다. 어거스트가 이 사실을 깨달았을 때 느꼈을 외로움은 얼마나 컸을까. 또 그 절망은 얼마나 감당하기 힘들었을까. 행여나 그런

일을 당하지는 않을지 노심초사하며 어거스트를 학교에 보냈을 엄마 아빠의 마음은 어땠을까. 이 책을 읽으며 장애 아동과 그 가족들이 살면서 어떤 힘든 일을 겪는지 잘 알 수 있었다. 또 가족이라는 울타리가 주는 힘은 매우 강력하고 중요하다는 것도 다시금 깨달았다. 아이에게 나는 어떤 울타리가 되어주어야 하는지, 가족 내에서 나는 어떤 역할을 해야 하는지 곰곰이 생각해보았다.

As you grow, you learn more. If you stayed at twenty-two, you'd always be as ignorant as you were at twenty-two. Aging is not just decay, you know. It's growth. It's more than the negative that you're going to die, it's also the positive that you understand you're going to die, and that you live a better life because of it.

사람은 성장하면서 점점 많은 것을 배운다. 스물두 살에 머물러 있다면 언제나 스물두 살만큼만 알게 될 거야. 나이 드는 것은 단순한 쇠락이 아니라 성장이다. 그것은 곧 죽게 되리라는 부정적인 사실, 그 이상이지. 그것은 죽게 될 거라는 것을 이해하고 그 덕분에 더욱 좋은 삶을 살게 되는 긍정적인 면도 가지고 있다.

미치 앨봄이 쓴《모리와 함께한 화요일 Tuesedays with Morrie》에서도 모리 교수는 나이 듦을 전혀 두려워할 필요 없다고 이야기한다. 모리 교수의 말처럼 내 나이만큼 인생을 배우고 깨닫는다는 건 참 좋은 일이다. 만약 내가 10대, 20대 때 이런 작품들을 읽었더라면 지금과 같은 감정을 느끼거나 깨달음을 얻을 수 없었을 것이다. 그럴 때면 오히려 지금 내 나이에 감사할 따름이다. 그리고 앞으로 다가올 40대, 50대에는 책이 얼마나 매력적으로 느껴질지 벌써 기대가 된다.

영어 원서 속에서 만난 인생 문장

"The books transported her into new worlds and introduced her to amazing people who lived exciting lives. She went on olden-day sailing ships with Joseph Conrad. She went to Africa with Ernest Hemingway and to India with Rudyard Kipling. She traveled all over the world while sitting in her little room in an English village."

마틸다는 책으로 새로운 세계를 여행했고, 아주 흥미로운 삶을 사는 놀라운 사람들을 만났다. 마틸다는 조지프 콘래드와 돛단배를 타고 항해를 떠났고, 어니스트 헤밍웨이와는 아프리카로 떠났으며, 러드야드 키플링과는 인도를 탐험했다. 마틸다는 영국 어느 작은 마을에 있는 자신의 작은 방에 앉아서 세계 곳곳을 여행했다.

― 《마틸다 Matilda》, 로알드 달

Chapter 2

영어 원서 읽기 실천 공식

공식 1.
새로운 도전을 두려워 하지말라

영어 앞에서 작아지는 육아맘

얼마 전 유치원생 자녀를 둔 지인을 만난 적이 있다. 아이가 어렸을 땐 육아 때문에 정신이 없었는데, 막상 유치원을 보내고 나니 시간이 상대적으로 많아져서 우울해진다고 했다. 이야기를 듣던 나는 지인에게 영어 원서를 읽어보라고 권유했다. 그러나 지인은 못 하겠다며 고개를 절레절레 저었다. 영어 공부를 한 지 오래됐을 뿐만 아니라 영어를 잘하지도 못한다며 손사래를 쳤다. 잠시 후, 몇 번 설득한 끝에 지인은 내 의견을 받아들여 가볍게 읽기 좋은 영어 원서부터 천천히 읽어보기로 마음을 바꾸었다.

며칠 후, 지인이 내게 전화를 걸어왔다.

"워낙 오랜만에 영어를 접해서인지 자신감 부족인지 모르겠지만 책 앞부분에 몇 장 넘겨 보다 보니 도저히 못 하겠다는 생각이 들었어. 과연 내가 할 수 있을지 의문이야. 책을 펼치기도 두려워. 이럴 땐 어떻게 해야 할까?"

지인은 책 속 영어 문장을 보는 순간 왠지 모를 불편함이 느껴졌다고 했다. 영어 공부를 한답시고 책을 붙잡은 자기 모습을 어색해했다. 그러다 해석이 되지 않는 문장이 나오거나 모르는 어휘가 나오면 자신감이 없어져 도저히 책에 집중할 수 없다고 했다. 나는 전화를 끊고 난 후 곰곰이 생각해 보았다. 무엇이 그녀를 그렇게 불편하게 만드는 걸까.

윤홍균 작가의 《자존감 수업》이라는 책에 다음과 같은 구절이 나온다.

"원하는 결과가 나오지 않아 실패에 익숙해지는 현상을 '학습된 무기력'이라고 부른다."

나는 지인이 무기력에 빠져 있다는 걸 알았다. 그 무기력은 어떤 일을 시작하기도 전에 두려움을 불러오고 이런저런 핑계를 대며 '나는 역시 안 돼.'라는 마음으로 굳어버린다. 그래서 그녀에겐 영어로 책을 읽는 일이 큰 도전이었고, 그 과정에서 조그마한 걸림돌에도 쉽게 넘어지고 크게 다쳤다.

지인은 임신 기간 내내 극심한 입덧으로 힘든 시간을 보냈다. 또한 임신 중 겪는 호르몬 변화로 심각한 우울증을 겪었다. 남들이 다 하는 태교 한번 제대로 못 해봤다는 사실에 억울해했다. 그나마 아이가 태어나면 모든 고통이 사라질 것만 같았는데, 이마저도 뜻대로 되지 않았다. 아이는 출산 예정일보다도 3개월이나 빨리 태어났다. 아이가 세상의 빛을 제대로 보지도 못한 채 좁은 인큐베이터 안에서 두 달 동안 지낸다는 사실 때문에 그녀는 죄책감에 시달렸다. 산후조리를 해야 할 시기에 마음 편히 쉬지도 못했다.

그녀에겐 육아 역시 쉽지 않았다. 워낙 예민했던 아이는 밤낮 할 것 없이 온종일 울어댔다. 그런 아이를 데리고서는 커피 한잔 편히 마시러 가는 일도 불가능했다. 점점 할 수 없는 일이 늘어났다. 그러다 보니 '어차피 뭘 시도해봤자 지금 내가 할 수 있는 일은 아무것도 없어.'라는 생각을 무의식적으로 계속하게 된 것이다.

사실 남 이야기 같진 않았다. 정도의 차이는 있겠지만, 어쩌면 임신·출산·육아를 경험해본 여자라면 다들 겪었을지도 모르는 감정이다. 모두 마음먹은 대로 되지 않으니까. 특히 육아는 더욱 그러하다. 원하는 대로 흘러가지 않는 일상에서 엄마는 자꾸만 두렵고 쉽게 좌절한다.

쫄지 않기 위해 필요한 처방

새로운 일을 시작하기 전에 우리는 자기 자신에게 물어본다.
'내가 과연 잘 해낼 수 있을까?'

누구에게나 새로운 도전은 두렵다. 위대한 업적을 남긴 사람들도 처음엔 모두 두렵고 불안함을 느꼈다. 어떤 일을 성공적으로 이루어내느냐 아니냐를 결정짓는 건 두려움 속에서도 한발 한 발 나아갔는지 여부다. 즉, 두려움을 동지 삼아 하루하루 묵묵히 내 할 일을 하는 것만이 새로운 일에 익숙해지는 유일한 방법이다. 나는 바로 지인에게 전화를 걸어 두 가지 제안을 했다.

1. 자신의 장점과 성취 경험을 쭉 적어보기

'자기 장점과 성취 경험'을 적어보면 자존감이 단단해진다. 자존감이란 자기 자신을 신뢰하고, 스스로가 사랑받을 가치가 있다고 여기는 마음이다. 지인은 '학습된 무기력' 때문에 새로운 시도조차 두렵고 자신이 그럴 만한 가치가 없다고 여겼다. 그녀가 아주 단순한 것이라도 자신감을 가지고 꾸준히 해보는 자세가 필요했다.

> **적는 방법**
> ① 남들이 말하는 나의 장점이나 자기가 생각하는 나의 장점을 적는다.
> ② 아주 사소한 성취 경험이라도 모조리 적는다. 예를 들어 처음 만들어본 음식이지만 온 가족이 맛있게 먹어준 일이라든가 아이에게 책 한 권을 읽어준 일도 쓸 수 있다.
> ③ 별 게 아닌 것처럼 느껴지는 일이라도 '내가 해낸 일'이면 적는다.

이는 예전에 내가 영어 인터뷰를 가르칠 때 학생들에게 적용했던 방법이다. 그동안 제대로 영어 공부를 해본 적 없는데 취업을 위해 공부하려니 불안하다는 학생들이 많았다. 나는 그런 친구들에게 하얀 A4 용지를 한 장 내밀었다. 그리고 앞에 소개한 방법대로 과제를 내주었다. 간혹 스스로 자기 장점이 무엇인지 도저히 모르겠다며 과제를 거부하는 학생들도 있었는데, 그들에겐 내가 장시간 질문을 하고 대화를 나누며 자기 자신을 알아가게끔 도와주었다.

빈 종이가 자신을 대변하는 긍정적인 말로 채워질수록 학생들은 영어 앞에서 자신감을 보였다. 영어 회화를 하며 틀릴 때마다 머리채를 부여잡고 괴로워하던 학생들은 어느새 실수도 배움으로 받아들이며 열심히 따라왔다.

2. 일단 움직이기

이것은 《자존감 수업》에서 저자가 처방한 방법이기도 하다. 저자는 무작정 움직이라고 주장한다.

"무기력에서 빠져나오려면 일단 움직여야 한다. 원치 않아도, 재미없어도, 의미 없어도 된다. 밖에 나가 조금이라도 걸어야 하고, 그것도 안 되면 몸부림이라도 쳐야 한다."

감정이 행동을 이끄는 것 같지만, 실제로 행동과 감정은 동시에 일어난다고 한다. 행동으로 감정을 조절하는 게 가능하다는 이야기다. 나도 무기력한 감정을 벗어나고 싶을 땐 일단 몸을 움직이려고 노력한다. 그게 운동이든, 책상 정리든, 하기 싫어서 미뤄둔 집안일이든 무작정 움직인다. 몸을 움직이면 정말 신기하게도 생각이 바뀐다. '나는 이 일을 잘 해내고 있어. 하기 싫은 일이었지만 결국엔 잘 해내잖아.'라고 생각하는 나를 발견한다. 몸을 움직이고 나면 기분이 한결 나아지고 뿌듯해진다.

얼마 후, 지인에게서 다시 연락이 왔다. 내가 추천해준 방법대로 실천했는데 정말 오랜만에 자신감이 생겼다며 영어 공부에 제대로 도전해보기로 했다고 말했다. 그녀는 종종 무기력감이 자신을 덮칠 때도 있지만 그럴 때마다 자기 장점과 성취 경험이 빼곡히 적힌 종이를 수시로 보았단다. 그리고 '일단 해보자.'라는 생각으로 마음을 가볍게 먹으려고 노력했다고 한다. 그녀는 마지막으로 이 말을 했다. 처음으로 영어 원서 한 권을 완독했다고.

모든 엄마의 24시간은 너무 바쁘다. 전업맘이든 워킹맘이든 시간이 부족하다. 그런 와중에 '영어 공부 한번 해볼까?' 하는 생각이 들었다는 건 그만큼 자신을 사랑하고 열정적이라는 뜻이다. 시작하기에 앞서 두려움과 불안감이 휩쓰는 건 자연스러운 현상이다. 그러니 그냥 '일단 해보기나 하자'라는 식으로 마음을 가볍게 만들어야 한다. 그런 다음엔 딱 두 가지만 실천해보자. 하얀 종이 위에 마음껏 나를 칭찬하기 그리고 일단 움직이기. 흔들리는 순간은 매번 찾아올지도 모른다. 그럴 때마다 내 장점이 가득한 종이를 들여다보고 "오늘도 쓰러지지 않고 잘 견뎠어."라고 자기 자신을 칭찬해주자. 그러다 보면 어느새 머리보다는 행동이 앞선 자신을 발견할 수 있을 것이다.

나이가 어떻든, 지금이 적기다

"Can I introduce myself?"

어느 중년의 동양인 여자가 무대 위에 서 있다. 쑥스럽게 미소를 지으며 마이크를 입 가까이에 댄다. 피부색이 다양한 청중들은 호기심 가득한 눈빛으로 그녀를 바라본다. 이에 대답이라도 하듯 그녀는 또박또박 큰 목소리로 자신을 소개한다.

"My name is MK Kim. Nice to meet you."

그녀는 동기부여 강사로 활발히 활동 중인 김미경 강사이다. 얼마 전 김미경 강사가 미국 펜실베이니아 주립대 학생 800여 명 앞에서 영어로 강의한 영상을 우연히 보았다. 그녀는 지난 27년 동안 강사로 활동하며 무대에 설 기회가 셀 수 없이 많았지만, 미국 대학생들 앞에서 영어로 강연한 것은 처음이라고 했다. 영상 속 그녀의 모습은 처음이라고 하기엔 믿을 수 없을 정도로 매우 자신감 넘치고 자연스러웠다.

그녀의 영상에는 수많은 댓글이 달려 있었다. 대부분 동기부여가 되었다는 내용이었다. 어떤 40대 독자는 영어 공부를 해보고 싶지만, 나이가 너무 많아서 영어 공부를 하기에 늦은 건 아닌지 망설여진다고 했다. 그런데 이번 영상을 보고 용기를 얻었고 결코 늦은 게 아니라는 걸 깨달았다고 했다. 나 역시 그랬다. 하루아침에 '경단녀'가 되어버린 현실에서 새로운 '꿈'을 가진다는 게 과연 맞는 건지, 가능한 건지 의심스러웠다. 영어 공부를 하면서도 마음 한편으로는 '이제 와서 영어 공부를 시작한다고 한들 내가 할 수 있는 일이 뭐가 있겠어?'라는 생각이 들었다. 하지만 이런 마음가짐으로는 영어뿐만 아니라 나의 미래와 꿈마저 스스로 부정하는 꼴이 될 것만 같았다. 더는 흔들리며 위기의 순간에 머무르고 싶지 않았다. 마음을 이렇게 고쳐먹기로 했다. 이제라도 시작을 해서 참 다행이라고. 그리고 지금이 무언가를 배우거나 도전하기에 딱 좋은 타이밍이라고.

실제로 김미경 강사는 50대 초반에 영어 공부를 시작했다. 그리고 55세가 되던 해에 영어로 세계 베스트셀러 작가들을 인터뷰했고, 미국으로 건너가 강의를 했다. 누군가는 50대를 '반백 살'이라 일컬으며 나이가 많다고 표현한다. 하지만 김미경 강사는 《이 한마디가 나를 살렸다》라는 저서에서 이렇게 이야기했다.

"제가 50이 넘어서 깨친 지혜가 하나 있어요. 50대 모습이 20대 모습과 매우 닮았다는 사실이에요. 무엇이 닮은 줄 아세요? 자유롭다는 거요. 50대가 되고 나니 20대 시절처럼 무척 자유로워졌어요. 내가 놀봐야 했던 어린아이들은 훌쩍 자라 제 할 일을 알아서 해내고, 남편도 이제는 내게 일찍 들어오라고 잔소리하지 않아요."

그녀는 오히려 50대가 되니 시간과 경제 면에서 여유가 생겨 자유롭다고 한다. 그래서 50대는 20대에 하고 싶었던 일과 배우고 싶었던 것을 시작하기에 너무 좋은 나이라고 했다. 20대의 자신을 소환해서 '50대 청춘'으로 만드는 중이라고. 50대가 청춘이라면 30대, 40대는 아직 청춘도 오지 않은 어린아이나 마찬가지다. 어린아이는 아무리 뛰어놀아도 지칠 줄 모른다. 에너지가 넘치고 얼마든지 꿈을 꿀 수 있다.

전 세계에서 유명한 추리소설 작가 레이먼드 챈들러는 그의 나이 51세 때 처음으로 장편 소설을 출간했다. 자서전 《인생에서 너무 늦은 때란 없습니다 Grandma Moses》를 쓴 모지스 할머니는 75세에 처음 그림을 그리기 시작해 101세까지 그림을 그렸다. 그녀는 자신의 자서전에서 이렇게 말한다. "정말 하고 싶은 일을 하세요. 신이 기뻐하시며 성공의 문을 열어주실 것입니다. 당신의 나이가 이미 80이라 하더라도요."

엄마가 되었다고 해서 나의 길, 나의 꿈을 포기해야 하는 건 아니다. 진정으로 추구하는 게 무엇인지 알고 있다면 지금 당장 하나씩 시작해보자. 꼭 영어가 아니어도 좋다. 당신이 지금 배우고 싶은 것이 있다면 이미 늦었다는 생각은 잠시 접어두자. 30대든, 40대든, 50대든, 변화와 성장을 꿈꾸는 지금 이 순간이 바로 공부의 적기다.

영어 원서 속에서 만난 인생 문장

Get in the habit of looking at your challenges as blessings. Instead of getting angry and frustrated when something isn't going the way you would like, ask yourself "If this were actually a gift from the universe, what would it be here to teach me?" You'll be amazed how that shift in perspective can open you up to wisdom from within.

어려운 일을 축복으로 바라보는 습관을 들이자. 무슨 일이 뜻대로 되지 않을 때 화를 내거나 좌절하기보다 이렇게 묻자. "이것이 정말 우주가 주는 선물이라면 우주는 나에게 무엇을 가르치려는 것일까?" 관점만 약간 바꾀도 내면에 묻힌 큰 지혜를 발굴할 수 있다.

- 《나로 살아가는 기쁨 What If This Is Heaven》, 아니타 무르자니

공식2.
나만의 시간을 확보하라

이 세상 모든 엄마들은 바쁘다

"영어를 배워보고 싶은데 아이 키우면서 하기 어려울까요?"

어느 지역 온라인 카페에 이런 제목의 글이 올라온 적이 있다. 글쓴이는 어린아이를 키우는 전업주부였다. 아이와 온종일 있으니 세상과 단절된 기분이 들어 영어 공부를 해야겠다는 생각이 들었다고 한다. 그런데 글쓴이는 자신이 전업주부임에도 온종일 바쁘다는 것이었다. 돌아서면 할 일이 눈에 보이고 그 일을 하다 보면 아이가 엄마를 찾는단다. 아침부터 밤까지 이렇게 하루하루를 반복한다고 했다. 정신없이 바쁜 일상에서 무언가를 배우는 일이 과연 가능한 건지 궁금하다며 사람들에게 의견을 묻고 있었다.

그 글이 올라온 지 얼마 지나지 않았을 때 이미 조회 수는 1,000을 넘어섰다. 그만큼 엄마들이 영어 공부에 관심이 많다는 걸 알 수 있었다. 기억에 남는 두 가지 댓글은 다음과 같다.

"저도 아이를 24시간 데리고 있어요. 영어를 배우고 싶은데 공부할 짬이 나지 않는 것 같아서 고민이에요."

"저는 워킹맘이에요. 회사 다니면서 아이까지 케어하다 보니 도저히 공부할 시간을 확보하지 못하겠어요."

커뮤니티에서 만난 엄마들은 참 바쁜 삶을 살고 있었다. 워킹맘이 바쁜 건 누가 말 안 해도 잘 안다. 육아만 해도 힘든데 살림에 회사 일까지 신경 쓰다 보면 정말이지 눈코 뜰 새 없을 것 같다. 내 몸 하나 건사하기도 쉽지 않은데 최소 1인 5역을 한다. 그러다 보면 밥도 제때 못 챙겨 먹고 틈만 나면 눕고 싶을 것이다.

그럼 전업주부는 비교적 덜 힘들까? 그건 아니다. 전업주부는 회사에 나가지 않을 뿐이지 그 시간 동안 집에서 일한다. 아이 씻기고 먹이는 일이며, 청소, 빨래, 식사 준비, 설거지, 분리수거 등 하루가 금세 지나간다. 저녁에 남편 퇴근 시간이 다가오기 전에 장도 봐야 하고 밥도 해야 한다. 온종일 해야 할 일로 꽉 차 있다. 그럼 도대체 아이 키우는 엄마들은 언제 공부를 해야 할까? 공부할 시간이 있긴 한 걸까?

공부할 시간을 어떻게 낼까

1. 아이가 잠자는 시간을 이용하라

앞서 이야기한 적 있지만, 나는 주로 아이가 낮과 밤에 잠자는 시간을 이용해서 영어 공부를 했다. 아이는 보통 낮잠을 1시간 30분 정도 잤다. 밤에 아이가 잠들고 나면 1~2시간 정도 더 공부했다. 그러면 하루에 대략 3시간 정도를 확보할 수 있는 셈이었다.

물론 처음부터 3시간 내내 집중하면서 공부를 했던 건 아니다. 공부를 시작한 지 얼마 되지 않았을 땐 낮과 밤에 1시간 30분씩 엉덩이를 붙이고 앉아 있는 일이 벅차게 느껴졌다. 그래서 처음에는 적응 기간을 따로 두었다. 15분 동안 공부하는 것부터 시작해 익숙해지면 30분으로 늘렸다. 그다음엔 40분, 50분, 1시간…. 그렇게 내 시간을 점차 늘려나갈 수 있었다.

2. 틈새 시간을 활용하라

일하는 엄마들은 회사에 몸이 묶여 있다. 아이의 낮잠 시간을 활용할 수 없다. 그럴 땐 틈새 시간을 나만의 시간으로 만들어야 한다. 틈새 시간이란 자투리 시간을 말한다. 대표적으로 출퇴근 시간이 있다. 틈새 시간을 확보하는 또 다른 방법은 쓸데없는 시간을 줄이는 것이다.

사람들이 SNS 활동에 하루 평균 2시간 이상 쓴다는 기사를 본 적이 있다. 나 역시 평소에 핸드폰을 손에 쥐고 수시로 SNS를 들여다봤다. '띠링!' 하고 알람 소리가 울리면 때와 상소를 가리지 않고 바로 핸드폰을 확인했다. 아이를 안고 있으면 안은 채로, 식사 준비하던 중이면 국자를 한 손에 쥔 채로 말이다. 짧게는 5분, 길게는 10분을 스마트폰에 정신을 쏙 빼앗겼다. 봤던 뉴스 기사를 또 클릭하고 SNS에서 남들 사진만 쳐다보느라 허망하게 시간을 소비했다.

나는 곧바로 핸드폰 들여다보는 시간을 대폭 줄여보기로 했다. 먼저 메시지나 SNS의 알람을 꺼버렸다. 그리고 틈새 시간을 활용해서 영어 공부를 시작하기로 했다. 아이와 함께하는 시간이 많기에 아이와 같이 있으면서도 할 수 있는 영어 공부 방법을 알아냈다.

아이와 함께 있을 때 시간 내서 영어 공부하는 방법

아이가 혼자서 놀 때

나는 아이가 혼자서 노는 순간을 이용해 원서를 읽기도 한다. 아이가 자동차 장난감을 가지고 놀거나 좋아하는 그림책을 보면 그 순간 재빠르게 영어 원서를 펼친다. 그리고 소리를 내서 영어 원서를 읽는다. 그러면 아이는 내가 책 읽는 소리를 배경 음악으로 삼아 계속 놀이를 이어간다.

아이와 놀아줄 때

나는 아이와 함께 놀아줄 때 영어 동요 CD를 자주 틀어준다. 아이는 노래 멜로디에 춤을 추기도 하고 아는 단어는 종종 따라 말하면서 즐거워한다. 나 역시 아이와 함께 노래를 따라 부른다. 점점 가사가 입에 익으면서, 저절로 외워진다. 얼마 전엔 아이가 잠잘 때 'Hush little baby'를 불러주었다. 그저 아이와 반복해서 노래를 듣고 신나게 따라 불렀는데 어느새 나는 동요 가사를 줄줄 외우고 있었다.

아이가 영어 애니메이션 볼 때

아이와 나는 하루에 약 1시간 정도 〈까이유 Caillou〉라는 애니메이션을 함께 본다. 네 살 꼬마 까이유와 가족들의 일상 이야기를 다루는 작품이다. 유아용 영상물이지만 상당히 실용적인 표현이 많이 나오기 때문에 성인 영어회화 자료로도 손색이 없다. 나는 주로 영어 자막을 띄워놓는다. 그리고 주인공이 대사를 말할 때 동시에 말하는 연습을 한다.

....

누구에게나 똑같이 24시간이 주어진다. 어떻게 활용하느냐에 따라 하루를 40시간처럼 살기도 하고 10시간도 채 안 되는 시간처럼 살기도 한다. 그렇다고 이미 심신이 지친 엄마들에게 1분도 허투루 쓰지 말라고 강요하고 싶지는 않다. 자신의 삶에서 무엇을 추구하는지, 중요한 게 무엇인지 파악해서 그것을 중심으로 일상의 흐름을 재배치해보라는 이야기다. 아이가 잠자는 평화로운 시간을 나만의 시간으로 활용해보자. 아니면 비생산적인 시간을 줄이고 틈새 시간을 이용해서 공부를 해보자. 엄마는 공부에만 몰입할 수 있는 학생 신분이 아니다. 내 몸 하나만 챙기면 되는 삶이 아니다. 돌봐야 할 아이들, 즉 가족이 있다. 엄마로서 보내야 할 일상도 소화해내야 한다. 이런 상황에서 우리에게 가장 시급한 건 당장 자기 일상을 꼼꼼히 분석해보고 가장 불필요하게 소모하는 시간대를 찾아내는 일이다. 그것부터 시작해보자.

영어 원서 속에서 만난 인생 문장

I've made up my mind to enjoy this drive. It's been my experience that you can nearly always enjoy things if you make up your mind firmly that you will. Of course, you must make it up firmly.

저는 이 길을 즐겁게 달리기로 마음먹었어요. 경험상 그래야겠다고 마음만 굳게 먹으면 즐겁지 않은 일이 별로 없는 것 같아요. 물론 마음을 단단히 다잡아야 하지만요.

― 《빨강 머리 앤 Anne of Green Gables》, 루시 모드 몽고메리

공식3.
나만의 공간을 정하라

습관의 힘은 공간에서 나온다

"우진아! 이제 자러 가자!"

만 2세가 지난 아이는 어김없이 9시가 되면 잠이 든다. 자신이 가장 좋아하는 이불과 아늑한 자기 공간만 있으면 된다.

그러나 아이가 잠을 늦게까지 못 자는 날이 1년에 두 번 있다. 바로 설날과 추석이다. 명절에 대부분 그러하듯 우리도 시댁과 친정을 다녀온다. 적어도 2박 3일 일정으로 다녀오는데, 아이는 내내 잠을 일찍 자지도, 깊게 자지도 않는다. 사실 나는 아이가 어디에 눕든 9시만 되면 잘 줄 알았다. 그런데 아니었다. 아이가 늘 자는 공간에서만 그랬던 거였다. 성인들도 환경이 바뀌면 원래 하던 대로 생활하기가 쉽지 않다. 잠자리가 바뀌어서, 어수선해서 등 갖가지 이유로 생활 방식이 평상시와 달라진다. 도대체 공간이 주는 힘은 무엇일까?

〈해리포터 Harrypotter〉 시리즈를 써서 세계적인 명성을 얻은 조앤 롤링 이야기를 잠깐 해보려고 한다. 그녀는 딸을 낳은 지 4개월 만에 남편과 이혼했다. 이후 심각한 생활고를 겪으며 정부에서 주는 보조금으로 하루하루를 버텨나가야만 했다. 그리고 그녀는 딸을 돌보려는 책임감에 카페에서 글을 쓰기 시작했다. 산책을 하던 중에 아이가 유모차에서 잠이 들면 카페에 들어가 글을 썼다. 그렇게 탄생한 작품이 바로 〈해리포터 Harrypotter〉 시리즈이다.

그녀에게 카페는 어떤 곳이었을까? 주변에 누가 있건 말건, 자기 미래가 불안하건 말건 그녀는 카페만 가면 아이디어가 마구 솟아올랐다고 했다. 사람들이 붐비고 이야기 소리가 흘러넘치는 시끄러운 공간이지만 그녀에게 카페란 '글 쓰는 행위'를 더욱 강화해주는 장소였다. 카페를 채운 테이블과 커다란 조명,

진열장 등은 방해가 될 법도 한데, 반대로 그녀는 그곳에서 원고 집필에 집중하는 힘을 얻었다.

《아주 작은 습관의 힘 Atomic Habits》에서 저자 제임스 클리어는 이렇게 이야기한다.

"우리는 주변 환경에 존재하는 사물 그 자체가 아니라 우리가 그것들과 맺고 있는 관계에 따라 행동한다. 행위에 미치는 환경의 영향을 고려하는 것은 습관을 만들기 위한 유용한 방법이다."

그의 말에 따르면 환경을 물건이 채워진 공간으로만 생각해서는 안 된다는 것이다. 자기 자신과 그 공간이 어떻게 상호작용하는지 관찰하고 그것을 잘 이용하면 좋은 습관을 만들 수 있다고 말한다. 다시 말해서 어떤 특정한 공간과 행동을 연결 지으면 우리가 원하는 습관을 꾸준히 유지할 수 있다는 것이다.

나만의 공간을 분류하라

1. 글쓰는 공간

조앤 롤링이 카페에서 글을 쓰는 것처럼, 내게도 어떤 행동이 저절로 나오는 공간이 2개 있다. 우리 집 거실 구석에 있는 책상과 부엌에 있는 식탁이다. 책상은 내가 글을 쓰는 공간이다. 그 책상에서 내가 첫 번째 책을 썼다. SNS에 글을 연재할 때도 이곳에서 글을 쓴다. 그리고 원서를 읽을 때는 식탁을 이용한다.

나만의 공간이 주는 힘은 강력하다. 다른 영역이 섞이지 않은 공간이기 때문에 그곳에 가기만 하면 저절로 '글쓰기 모드'로 바뀐다. 어떤 날은 글감이 없어서 도저히 원고를 써 내려갈 수 없을 것 같을 때가 있다.

하지만 나만의 글쓰기 공간으로 들어오는 순간 모든 게 해결된다. 책상을 마주하는 순간 '무슨 메시지를 어떻게 풀어야 할까.'라는 불안한 생각이 싹 사라진다. 그러고 나면 어느새 노트북 화면의 하얀 바탕을 까만 글씨들로 빼곡히 채워나가고 있는 나를 발견한다.

2. 영어 원서를 읽고 필사하는 공간

아이를 낳기 전부터 책상 앞에 앉아 블로그에 글을 써왔더니 '책상=글쓰기 공간'이 되었다. 그래서였을까. 글을 쓸 때와는 다르게 책상에서 영어 원서를 펼칠 때면 유난히 내용에 집중하기가 어려웠다. 뭔가 어수선했다.

그러던 어느 날 자리를 박차고 일어나 넓고 탁 트인 식탁으로 자리를 옮겨 영어 원서를 읽기 시작했다. 그 뒤로 부엌 식탁은 영어 원서를 읽고 필사하는 공간이 되었다.

3. 새로운 공간

종종 사람들은 "나는 카페에서 공부가 잘돼."라고 말한다. 카페에 커피 마시러 가면 '카공족(카페에서 공부하는 사람들)'이 매장 테이블을 꽉 채운 것을 자주 볼 수 있다. 전문가들은 오히려 평소 익숙한 환경 밖으로 나가면 새로운 습관을 형성할 수 있다고 한다. 과거의 생활 방식이나 방해꾼이 없기 때문이다.

이러한 이유로 나도 새로운 공간에서 영어 원서를 읽는다. 카페, 공항, 차 안 등 가리지 않고 자투리 시간만 주어지면 어디서든 책을 펼친다. 산책하다가 아이가 유모차에서 잠이 들면 근처 카페로 가서 영어 원서를 읽는다. 명절을 맞이해 온 가족이 비행기를 타고 제주도에 갈 때도 책과 함께한다. 가족끼리 나들이를 갈 때도 마찬가지다. 남편이 운전하면 나는 아이와 뒷좌석에 타 아이 옆에서 책을 펼친다.

이 글을 읽는 독자 중에 '집에 내 공간이 어딨어?'라고 생각하는 사람이 있을지도 모르겠다. 보통 어린아이가 있는 집에는 장난감을 비롯해 아이 물건이 가득하다. 어수선한 환경에서 '영어 공부'나 '독서'와 같은 새로운 습관을 형성하기 쉽지 않은 것이 사실이다. 그러면 이런 상황에서는 어떻게 하면 될까?

"전반적으로 새로운 환경에 접근하기 힘들 때는 현재 환경을 다시 설계하거나 배치해보라. 일하고, 공부하고, 운동하고, 취미 생활을 하고, 요리하는 공간을 분리하라."

《아주 작은 습관의 힘 Atomic Habits》에서 자신만의 공간을 직접 만들라고 이야기한다. 그렇다고 집을 리모델링하라거나 방이 하나 더 딸린 집을 장만하라는 것이 아니다. 내가 공부할 책이나 읽을 원서 한 권과 펜 하나 올릴 정도의 공간만 만들면 된다는 말이다. 같은 장소, 즉 나만의 공간에서 공부하는 습관을 들이면 시작할까 말까 생각할 필요가 없다. 그냥 하게 된다. 그게 바로 습관의 힘이다.

습관은 어떤 신호를 알아차리는 순간부터 시작된다고 한다. 영어 공부를 습관으로 만들고 싶다면, 영어 공부를 떠올릴 만한 신호를 자주 인지하게끔 환경을 만들어야 한다. 자리에 앉자마자

'영어 공부'가 저절로 떠오르게끔 하는 공간이 있어야 한다. 집이 아닌 다른 곳일 수도 있고 집 안에서 나만의 공간을 만들 수도 있다. 자신만의 공간이라 하여 거창할 필요는 없다. 아쉬운 대로 부엌 한쪽 공간을 활용해도 좋다. 안방에 있는 화장대 위를 정리해서 책을 올려둘 공간을 만들어도 된다. 가족들이 잘 안 다니는 방 한구석에 작은 교자상을 펴도 된다. 나만 앉을 수 있고 나만 사용할 수 있는 공간을 만드는 것이 중요하다. "거긴 내 자리야."라고 말할 수 있는 공간을 지금부터 만들어보면 어떨까?

영어 원서 속에서 만난 인생 문장

When you have a habit of practicing at the same time and in the same place every day, you hardly have to think about getting started.

매일 같은 시간, 같은 장소에서 같은 일을 반복하는 습관을 만들어라. 그러면 일을 해야겠다는 생각도 하기 전에 그 일을 하는 당신을 만날 수 있다.

— 《그릿 Grit》, 앤절라 더크워스

공식 4.
나만의 취향을 가져라

내게 맞는 영어 공부법은 '따로' 있다

영어 공부를 본격적으로 시작한 지 약 10년이란 시간이 지났다. 그동안 공부를 쉽고 즐겁게 했던 것만은 아니다. 영어 공부법을 다루는 정보는 넘쳐나는데 무엇을 선택해야 할지 늘 고민이 되었다.

10년 전 미국과 영국의 드라마를 활용한 공부법이 한창 유행할 때였다. 그 당시 내가 다니던 어학원의 선생님께서 미국 시트콤 〈프렌즈 Friends〉를 추천해주셨다. 이는 요즘 사람들에게도

'국민 시트콤'으로 불릴 정도로 인기가 많은 작품이다. 그만큼 영어 공부 자료로 훌륭하고 재밌다는 평을 받는다. 심지어 세계에서 인기를 끄는 가수 그룹 방탄소년단(BTS)의 리더 RM도 그의 유창한 영어 실력 비결로 〈프렌즈 Friends〉를 추천했다.

그런데 나는 지금까지 이 시트콤의 에피소드를 단 하나도 끝까지 본 적이 없다. 몇 번이고 집중해서 보려고 노력했으나, 늘 5분을 넘기지 못하고 지루함을 느끼곤 했다. 게다가 시즌이 10편까지 있었는데 그 많은 걸 언제 다 볼지 항상 걱정이 앞섰다. 다른 사람들은 재밌다며 엄지를 치켜세우는데 나는 왜 이토록 재미를 느끼지 못하는지 속상했다.

사실 이유는 간단했다. 〈프렌즈 Friends〉는 내 취향이 아니었다. 우리가 누군가에게 "저랑 코드가 참 잘 맞네요."라고 말할 때 쓰는 그 '코드'가 나와 맞지 않았다. 남들이 좋다고 해서 내게 다 맞을 거란 법은 없다. 그저 내게 맞는 공부 자료를 찾으면 해결될 문제였다. 나는 드라마를 보는 대신 시즌의 압박을 느끼지 않는 영화로 눈길을 돌렸다. 일반 영화가 아니라 아이들이 보는 애니메이션 〈슈렉 Shreck〉을 골랐다. 대사 길이와 양을 따졌을 때 초급 학습자인 나에게 딱 맞다는 생각이 들었다.

이제는 어떻게 공부하느냐가 문제였다. 가장 먼저 인터넷에서 드라마나 영화로 공부하는 방법을 검색했다. 하지만 나는 본격적인 공부를 시작하기도 전에 진이 빠지고 말았다. 어떻게 공부해야 하는지 사람들의 의견이 너무도 다양했기 때문이다. 어떤 유명 강사는 영어 자막을 켜놓고 들어야 한다고 했고 또 다른 강사는 무조건 자막 없이 들으라고 주장했다. 주변에 영어를 잘하는 친구나 어학원 선생님께 여쭈어도 각자 추천하는 방식은 달랐다. 넘쳐나는 정보에 혼란스럽기만 했다.

하는 수 없이 내게 맞는 공부법을 스스로 찾았다. 처음에는 자막을 틀지 않고 보았다. 아무리 아이들이 보는 애니메이션이라지만 대사가 조금이라도 빠르면 전혀 알아듣지 못했다. 반복해서 들어보아도 안 들리는 건 끝까지 안 들렸다. 안 들릴 때마다 '이것 봐. 난 이렇게나 단어를 몰라.'라는 생각이 들었다. 마치 공부를 하는 것이 아니라 내 실력을 평가받는 것 같았다.

그래서 방법을 바꾸어보기로 했다. 대본을 출력한 다음, 대사를 모조리 읽어보았다. 큰 소리로 대사를 반복해 읽었다. 모르는 어휘는 미리 사전을 찾아 의미를 파악했다. 그런 다음 영상을 틀었다. 영상을 볼 때는 영어 자막을 띄웠다. 그리고 주인공이 대사를 말할 때 동시에 말하는 연습을 했다. 영상을 보고 난 후에는 마음에 드는 대사를 노트에 옮겨 적기도 했다. 그 결과, 시간이 지난 후에는 읽기, 듣기, 말하기, 쓰기를 동시에 할 수 있는 나만의 노하우도 얻었다.

나를 알면 '나만의 취향'이 보인다

가끔 내가 대본을 먼저 읽고 영상을 본다고 하면 그건 잘못된 방법이라며 지적하는 사람들이 있었다. 그때마다 마음이 흔들린 적도 있었지만, 묵묵히 내 갈 길을 갔다. 설령 잘못된 방법이라 할지라도 '내가 좋으면 된 것 아닌가?' 하는 생각을 했다. 아무리 '베스트 공부법'이라 해도 내게 맞지 않은 길을 가고 싶지 않았다. 그러다 보면 얼마 못 가 포기할 것만 같았다. 언어는 장기전이다. 그래서 '즐겁게 공부하는 것'이 중요하다. 즐겁지 않은 데 억지로 이어가다 보면 결국엔 중도 포기라는 안 좋은 결과만 맞이할 뿐이다. 특히 일에 지친 직장인이나 육아로 몸과 마음이 너덜너덜해진 엄마들이 영어 공부를 할 때는 '재미'라는 요소가 필수 조건이다. 엄마들이 재미있게 공부를 하려면 무엇부터 해야 할까?

1. 내가 좋아하는 주제와 관련하여 공부하기

우리는 좋아하는 일을 할 때 즐겁다. 즐거우면 시간 가는 줄 모른다. 마찬가지로 자신이 좋아하는 주제를 영어로 접하면 영어 공부가 즐거워진다. 나는 자기계발서를 읽거나 강의를 보는 것을 좋아한다. 그래서 성공 비법, 시간 관리 방법 등을 다룬 영어 원서나 TED 강연을 보면서 영어 공부를 했다. 또한 패션 잡지나 뉴스 보는 것을 좋아해서 영어로 된 잡지를 볼 때도 있다. 미국 드라마 중에서는 〈섹스 앤 더 시티 Sex and the City〉를 가장 좋아한다. 여자 주인공 4명이 화려한 패션 아이템을 선보이기 때문에 내용뿐만 아니라 시각적으로도 즐거웠다.

자신이 좋아하는 방식이나 좋아하는 주제를 파악하기 위해서 지금부터 다음 질문들을 스스로에게 던져보자. 이 질문들은 자신이 좋아하는 주제를 찾는 데 지표 역할을 해줄 것이다. 이에 대한 답을 찾았다면, 그와 관련된 주제를 다룬 영어 원서, 그림책, 영화, 드라마 등으로 영어 공부를 하면 된다.

- 나는 언제 가장 기분이 좋은가?
- 여가 시간에 주로 하는 일은 무엇인가?

- 어떤 장르의 영화나 드라마를 좋아하는가?

- 좋아하는 작가나 감독, 배우는 누구인가?

- 뉴스 중에 가장 먼저 보는 분야는 무엇인가?

- 무엇을 배우고 싶은가?

- 자유 시간이 주어지면 뭘 하고 싶은가?

- 스트레스를 어떻게 해소하는가?

2. 내가 좋아하는 방식으로 공부하기

영어 공부를 하는 방법은 다양하다. 영어 원서 읽기, 회화 스터디 참여하기, 전화 영어, 필사하기, 미국 드라마 보기, 한국 드라마를 영어 자막으로 보기 등이 있다. 모든 방법을 골고루 동원하여 공부하면 좋겠지만 사실 그건 매우 어려운 일이다. 독서보다 TV를 자주 보는 사람은 영어 원서를 읽는 것보다 드라마나 영화를 보는 방법이 더 익숙할 것이다. 만약 취미가 캘리그라피나 그림 그리기인 사람은 영어 원서나 신문 등을 필사하는 것도 좋은 방법이다. 다양한 공부법 중에서 어떤 것을 선택해도 좋다.

3. 내 생활 리듬 파악하기

나는 아이가 잠든 후 밤늦은 시각에 영어 원서 읽기를 하거나 필사를 하는 등 하고 싶은 공부를 한다. 종종 사람들은 '미라클 모닝'이 대세라며 내게 아침에 일찍 기상하라고 조언한다. 실제로 요즘 많은 사람이 SNS에 새벽 기상 인증하는 것을 쉽게 볼 수 있다. 내 지인 중 1명도 새벽 4시에 기상을 해서 고전 독서와 필사를 한다. 블로그에는 인증샷과 함께 독서 기록을 남긴다. 미라클 모닝을 실천하는 사람들은 새벽에 일어났을 때 주변이 고요한 순간이 좋다고 말한다.

'일찍 일어나는 새가 벌레를 잡아먹는다.'라는 말처럼 미라클 모닝이 주는 장점이 많다는 건 잘 안다. 나도 한때는 '미라클 모닝' 붐에 휩쓸려 새벽 4시에 기상해본 적이 있다. 처음 며칠은 새로운 것에 도전한다는 마음에 조금 설렜던 탓인지 4시 알람이 울림과 동시에 정신이 번쩍 들었다.

그런데 3일 정도 지나면서 상황은 달라졌다. 알람을 5분 간격으로 세 번, 네 번 맞추어놓더니 점점 기상 시간이 늦어졌다. 1주일이 지나자 완전히 원래 기상 시간에 맞춰 일어나고 있었다. 나는 다시 밤 시간대를 활용해보았다. 그리고 지금까지 '미라클 나잇'을 유지하고 있다.

'미라클 모닝'만큼이나 '미라클 나잇'도 꽤 매력적이다. 밤에 식구들이 잠들고 나면 고요한 순간을 즐길 수 있다. 사람마다 다르겠지만 나는 밤에 더 집중이 잘되는 편이다. 잠에서 덜 깬 상태로 책상 앞에 억지로 앉을 필요도 없다. 미라클 모닝이든 나잇이든 내게 맞는 시간대를 찾았으니 그걸로 충분하다.

"삶을 풍요롭게 하기 위해서는 자신의 취향을 찾아야 한다. 그리고 이를 위해선 자기 감각에 솔직해져야 한다. 타인의 평가나 시선에 강요받거나 SNS에 인증하기 좋은 것을 쫓아다녀서도 안 된다. 자기 취향을 깊이 느끼기 위해 안목을 키우는 노력도 필요하지만, 취향 자체는 개발하는 것이 아니라 느끼는 것이다."

김수현 작가의 저서《나는 나로 살기로 했다》에 나온 이야기다. 영어 공부법에도 사람마다 각자 취향이 있다. '궁합' 같은 게 공부법에도 존재한다. 모두가 극찬하는 공부 방법이 내게 맞지 않을 수도 있다. 그런 면에서 영어를 배우는 것과 아이를 키우는 것은 상당히 비슷하다는 생각이 들었다. 육아도 영어와 마찬가지로 '궁합'이 있다. 육아서에 나온 방식을 엄마가 실천한다고 하여 아이가 그대로 받아들이지는 않는다. 마찬가지로 세간에 유행하는 공부 방법을 따라 한다고 무조건 내 영어 실력이 쑥쑥 는다고 장담할 수도 없다. 우리는 넘쳐나는 정보를 가이드라인으로 적절히 사용하되 내 입맛에 따라 다양한 방식으로 요리할 줄 알아야 한다. 나의 생활 방식, 여유 시간, 공부 목표, 학습 능력 등을 오밀조밀 따져 내게 맞는 공부법을 찾자.

영어 원서 속에서 만난 인생 문장

Dear Mr. Pretend Henshaw,
Every time I try to think up a story, it turns out to be like something someone else has written, usually you. I want to do what you said in your tips and write like me, not like somebody else. I'll keep trying because I want to be a Young Author with my story printed.

헨쇼 선생님께,
뭔가 이야기를 생각해낼 때마다 어딘지 모르게 다른 사람이 쓴 글이랑 비슷해져요. 실은 주로 선생님 글처럼 되지만요. 저도 선생님이 지난번에 충고해주신 대로 '저답게' 글을 쓰고 싶은 마음이 굴뚝같아요. 다른 사람 글을 흉내 내지 않고 말이에요. 그래야만 제 글이 〈어린이 작품집〉에 실리고 또 어린이 작가로 인정받을 수 있을 테니까요.

– 《헨쇼 선생님께 Dear Mr. Henshaw》, 비벌리 클리어리

공식5.
나만의 속도를 유지하라

무리하다가 생긴 '번아웃 증후군'

　작년 가을 나는 첫 저서 《영알못, 외항사 승무원 & 1등 영어 강사 된 공부법》을 출간했다. 책 쓰기 작업에 돌입한 건 작년 4월쯤부터였다. 어떤 책을 쓸 것인지 콘셉트와 주제를 정하고 장제목, 소제목 등을 구성하는 데만 두 달 정도 걸렸다. 밤낮을 가리지 않고 스무 권이 넘는 참고 도서를 펼쳐가며 적절한 사례를 찾아보기도 했다.

　본격적으로 원고를 쓰기 시작하고 하루에 최소 4시간을 원고 집필에 몰두했다. 주로 아이가 낮과 밤에 자는 시간을 이용했다. 그마저 부족한 날에는 새벽 기상을 했다. 원래는 새벽 2시가 다 되어서야 잠들곤 했는데 새벽 5시에 일어나 원고를 쓴 적도 있다. 단 하루도 빠짐없이 그렇게 두 달을 보냈다.

책을 쓰는 동안 하루에 정해진 분량은 꼭 쓰기로 다짐했다. 그래서 평소보다 더 많은 체력과 에너지를 썼다. 밥 차리는 시간이 아까워서 빵이나 커피로 끼니를 때웠다. 아이와 남편의 밥은 잘 차려주면서 내가 먹을 밥상을 차리는 건 시간 낭비라고 생각했다. 밥 차리는 시간을 줄이고 그 시간에 사례 하나라도 더 찾아보려고 인터넷을 뒤졌다. 잠자는 시간도 아까웠다. 행여 밤에 글을 쓸 때 졸음이 쏟아지면 잠을 깨기 위해 얼음을 가득 넣은 아메리카노를 들이키며 잠을 쫓아냈다.

약 5개월 후, 드디어 내 첫 번째 책이 세상에 나왔다. 꿈만 같았다. 한동안 책 관련 이벤트와 저자 강연회 준비 등으로 일정이 꽉 찼다. 원하던 일을 이룬 대가는 상당했다. 책상 앞에 앉는 날이 많아 항상 어깨와 목 통증이 심했고, 그로 인해 두통도 달고 지냈다. 불규칙한 식사와 대충 챙겨 먹는 습관 때문에 덤으로 소화 불량까지 얻었다.

하루는 아이 아침을 먹일 때였다. 입에 밥을 한참 물고 있는 아이를 보자 초조함을 느꼈다. 빨리 밥을 먹이고 다른 일을 해야 했기 때문이다. 하는 수 없이 아이 밥을 먹이면서 동시에 할 일을 해보기로 했다. 나는 식탁 위에 노트북을 펼치고 블로그에 글을 쓰기 시작했다. 내가 활동하는 카페에도 댓글을 남겨야 했기에 핸드폰으로는 카페 글을 읽었다. 아이가 칭얼거리면 달래주면서 눈은 곧바로 노트북과 핸드폰을 번갈아 보았다. 그러다 문득 머릿속에 다른 할 일이 떠올랐다. 영어 원서 읽기였다. 책 읽을 시간이 마땅치 않다는 걸 깨닫자 짜증이 확 밀려와 결국 아이에게 화를 내버렸다. 지금까지 힘겹게 붙들었던 모든 것을 다 내려놓고 싶었다.

"으앙! 엄마!"

씩씩거리는 내 모습을 본 아이는 서러운 듯 엉엉 울어댔다. 울음소리는 그칠 줄을 몰랐다. 안쓰러웠다. 그리고 미안했다. 내가 대체 무슨 짓을 한 걸까.

'번아웃 증후군'이었다. 내가 완전히 불타서 소모되는 듯한 느낌에 극도로 예민해져 있었다. 순식간에 아무것도 하고 싶지 않은 마음이 들었다. 지난 몇 달간 나의 상황을 떠올려보니 단

하루도 빠짐없이 6개월 동안 매일 긴장한 채로 살았다. 1분 1초라도 아끼기 위해 잠도 줄이고 최대한 빨리 먹을 수 있는 음식만 먹으면서 지냈다. 시간을 초 단위로 쪼개어 살고 있었다.

주말에는 남편에게 아이를 맡기고 몇 시간씩 책을 썼는데, 어쩌다가 일이 생겨 남편이 주말에 아이를 못 봐주기라도 하면 계획이 망한 것 같다는 생각에 화가 났다. 화난 상태로 아이를 돌볼 때도 있었다. 여러 반찬을 만들어 보내주신 친정엄마에게도 바빠서 반찬 정리할 시간 없다며 짜증을 냈다. 시키지도 않았는데 왜 반찬을 보냈냐며 툴툴거렸으니 참 한심한 딸이었다.

'번아웃 증후군'을 예방하는 두 가지 방법

적당한 긴장감은 일의 효율을 최대로 끌어내준다. 하지만 지나치면 독이 된다. 나는 어느새 독기가 차 있었다. 나 자신뿐만 아니라 내가 가장 사랑하고 아끼는 사람들에게 상처를 주는 독이었다. 그저 내 머릿속엔 '빨리빨리 해야지.'라는 생각뿐이었으니까. 그걸 자각하고 보니 도저히 이렇게는 행복하게 살 수 없을 것 같았다. 나답게 살기는커녕 제풀에 지쳐 쓰러지는 격이었다.

나는 내가 소화할 수 있는 범위를 넘어서 지나치게 몰입했던 것을 싹 잘라내기로 했다. 먼저 온라인 커뮤니티 스태프 활동을 그만두었다. 블로그로 진행하던 무료 취업 멘토링도 더는 진행하지 않았다. 블로그에 매일 글을 쓰던 일도 2~3일에 한 번으로 줄였다. 힘들 땐 영어 원서를 읽는 일도 하지 않았다. 내 상황에 맞게 양을 조절하고 방법을 달리하기로 한 것이다.

1. 절대로 무리하지 않기

해야 할 일이 너무 많거나, 아이나 내가 아플 때는 영어 공부에 몰입하기 힘들다. 하루는 아이가 심하게 아픈 적이 있었다. 밤새 열이 나는 아이를 돌보느라 잠을 제대로 자지 못했다. 스스로 한 약속을 지키고자 다음 날 원서를 펼쳤는데 전혀 집중이 되지 않았다. 퉁퉁 부은 눈으로 글자만 간신히 쫓고 있었다. 책에 밑줄을 그으며 필사하고, 문장을 어떻게 활용하면 좋을지 고민하던 열정적인 내 모습은 온데간데없었다. 영혼 없는 내 몸뚱이만 남았을 뿐이었다. 이럴 거면 그냥 쉬는 게 낫다는 판단이 들어 책을 덮었다. 영어 원서를 매일 읽는 것은 좋지만, 무리하면서까지 읽으려고 하지는 말자.

2. 아예 손 놓지 말기

영어 원서가 보기 싫을 땐 과감히 책을 덮는다. 억지로 책을 펴봤자 집중하지 못할 게 뻔하기 때문이다. 나는 다음과 같은 방식으로 영어를 공부한다.

- 내가 읽던 영어 원서를 오디오북으로 듣는다.
- 영화로 나온 원서라면 해당 영화를 시청한다. 영화를 끝까지 보는 게 아니라 내가 즐겁게 시청할 수 있을 만큼만 본다. '오늘 단 한 문장이라도 익혀야지.'라는 마음을 가진다.
- 영어 원서와 관련 없는 장르를 시청한다. 나는 주로 다큐멘터리 프로그램 〈필이 좋은 여행, 한 입만! Somebody Feed Phil〉을 영어 자막과 함께 시청한다. 세계를 여행하며 그 나라 음식을 직접 먹어보는 내용이다. 음식과 관련된 문화도 설명해주므로 누구나 재밌게 볼 수 있는 작품이다. 가끔은 넷플릭스에서 한국 드라마를 영어 자막을 띄워놓고 보기도 한다. 귀로는 대사를 듣고 눈은 자막에 집중한다. 쉽고 재밌게 다양한 영어 표현을 눈으로 익힐 수 있다.

김미경 강사가 쓴 《꿈이 있는 아내는 늙지 않는다》라는 책을 보면 이런 말이 나온다.

"'나다운' 엄마로 살아라."

이 말을 보는 순간 내가 어떻게 살아야 할지에 대한 정답을 얻은 것 같았다. 엄마 역할에 최선을 다하되 가정에만 매이지 않을 것. 또한 너무 '일'에만 매달리지 말 것.

엄마들은 일과 삶의 균형이 중요하다. 무엇보다 자신을 충분히 돌봐야만 일도 육아도 공부도 끝까지 해낼 수 있다. 사람은 누구나 육체와 정신이 지칠 때가 있다. 에너지가 많이 고갈된 상태에서 억지로 자기 자신을 밀어붙이면 슬럼프가 오고 만다. 정해진 목표를 향해 정신없이 앞으로 내달리다 보면 작은 장애물에도 크게 넘어진다. 그러면 일어날 때 너무 아프고 힘이 든다. 마치 내가 번아웃 증후군으로 모든 것을 다 내려놓았던 것처럼 말이다. 그럴 때는 무작정 달려서는 안 된다. 옆도 보고 뒤도 보고, 또 가끔은 한 번씩 멈춰 서서 나를 토닥여주어야 한다. 지친 몸과 마음에 에너지를 충전하는 시간이 필요하다.

영어 원서 속에서 만난 인생 문장

Resolve to read at least one hour each day in your field. Put aside the newpaper and magazines, shut off the television, turn off your computer, and concentrate on rading something valuable and helpful to your career.

당신의 분야에 관련된 독서를 날마다 1시간씩은 꼭 하라. 신문이나 잡지 같은 건 제쳐두고, TV나 컴퓨터는 전원을 꺼라. 그리고 당신의 커리어에 도움이 되고 가치가 있는 것을 읽는 데만 집중해라.

— 《Personal Success》, Brian Tracy

Chapter 3

영어 원서 읽기 활용법

평생 습관으로 만들기

보통 아침에 잠에서 깨면 눈도 제대로 뜨지 못한 채 화장실로 향한다. '세수하고 양치질해야지.'라는 생각을 하지 않고도 몸은 이미 세면대 앞에 서 있다. 이것은 습관이다. 습관이란 어떤 행동을 해야 하는 이유를 머릿속으로 떠올리지 않고 곧바로 행동으로 옮기는 것을 말한다. 영어 공부도 마찬가지이다. '오늘은 영어 공부를 해야지.', '영어 공부 좀 해볼까?'라고 생각하고 행동으로 옮기는 것이 아니라 생각하는 과정 자체를 생략하고 몸이 먼저 공부 모드로 들어가야 한다.

좋은 습관을 만들려면 우리가 꼭 알아야 할 점이 몇 가지 있다. 이번 장에서는 엄마들이 영어 원서 읽기를 본격적으로 시작하기에 앞서, 영어 공부를 평생 습관으로 만드는 데 필요한 준비 과정을 자세히 실었다.

실행 의도를 명확히 하라

실행 의도란 '언제 어디서 행동할지' 사전에 계획을 세우는 것을 말한다. 이 실행 의도가 목표를 유지하는 데 많은 도움이 된다. 실행 의도를 제대로 만들어내기 위해서는 두 가지 요소가 필요하다. 바로 '시간'과 '장소'이다. 새로운 습관을 언제 어디서 수행할지 구체적으로 계획을 세워야만 목표를 지키려는 경향이 커진다.

1. 영어 공부하려는 이유를 명확히 하기

일반적으로 무엇을 해야 할지 명확하지 않거나 그 이유를 모를 때 작심삼일이 되기 쉽다. 동기부여가 제대로 되지 않기 때문이다. 그런 상태에서 공부할 방법만 궁리해봤자 아무 소용없다. 《나는 왜 이 일을 하는가? Start with Why》의 저자 사이먼 사이

넥은 "어떤 일을 시작할 때 'why'에서 시작하라."라고 조언한다. 'How'보다는 'Why'가 먼저이다. 내가 무슨 책으로 어떻게 공부할지 고민하는 것보다 내가 왜 영어 공부를 하려고 하는지 생각해보자.

내가 영어 원서 읽기로 영어 공부를 하는 데는 다음 세 가지 이유가 있다.

💡 영어 공부를 하는 이유

즐겁게 영어를 배울 수 있다

언어학자 스티븐 크라셴은 "언어를 배우는 과정이 즐거워야 효과가 극대화된다."라고 말했다. 독서는 사람들이 쉽게 몰입할 수 있는 활동 중 하나이다. 독서에 몰입하는 과정에서 영어를 습득한다면 영어 공부가 즐거울 수밖에 없다.

다양한 것을 배울 수 있다

우리는 독서를 하며 다른 사람의 인생을 들여다보고 다른 시대를 경험할 수 있다. 또한 영어와 한국어의 미묘한 차이점을 자연스레 깨치고, 저절로 영어식 표현에 익숙해질 수 있다.

영어 원서를 읽으면서 나 자신을 더 잘 알 수 있다

영어 원서 읽기는 독서다. 우리는 책으로 자기 내면과 대화를 나눈다. 이는 곧 '나'라는 사람을 한층 더 이해하는 과정이라 할 수 있다. 또한 영어 원서를 읽는 방법은 다양하다. 원서를 한 권 한 권 읽으면서 내게 잘 맞는 독서법과 공부법을 찾을 수 있다. 이런 과정을 거치면서 내가 어떤 것을 좋아하고 싫어하는지 명확히 깨달을 수 있다.

이제는 이 글을 읽는 독자들이 영어 공부를 하려는 이유를 생각해 볼 차례다. 조금 더 쉽게 생각할 수 있도록 몇 가지 예시를 준비해보았다.

예시

- 영어 울렁증을 극복하고 싶다.
- 엄마표 영어 교육을 시작하기 전에 엄마인 나부터 영어와 친해지고 싶다.
- 영어를 배워서 '나도 뭔가 배우면 잘할 수 있다'는 용기를 가지고 싶다.

- 아이와 함께 영어로 대화하고 싶다.
- 외국인 친구와 영어로 대화하고 싶다.

2. 공부할 시간 정하기

자기 일과를 살펴보자. 조용하고 차분하게 공부할 수 있는 시간대를 찾아 공부 시간을 정한다. 습관으로 만들려면 날마다 하는 게 좋다. 그러니 매일 하기 좋은 시간으로 고른다. 24시간 내내 아이와 함께해야 하는 엄마들은 아이 낮잠 시간을 이용하면 가장 좋다. 어린아이를 키우는 엄마는 밤에 자주 깨는 아이 때문에 수면 시간이 절대적으로 부족하다. 따라서 아침에 일찍 일어나거나 밤늦게까지 깨어 있는 것은 체력이 달려 힘들다. 낮잠 시간은 보통 1~2시간 정도이므로 그중 딱 10분만 나를 위해 써보자. 아이의 수면 패턴이 일정해진 후라면 가족들이 기상하기 전이나 아이가 잠든 밤 시간을 이용해도 된다. 하루 중 가장 컨디션이 좋고 혼자 보낼 수 있는 시간대로 선택해보자.

3. 공부할 장소 정하기

집 안에서 가장 편안하고 공부에 집중할 수 있는 장소를 찾아보자. 넓은 공간이 필요한 건 아니다. 거실 테이블도 좋고, 부엌 식탁, 화장대 등 어디든 좋다. 단 10분이라도 온전히 내가 쓸 수 있는 공간이면 된다.

4. 실천 문장 쓰기

실행 의도를 명확히 하는 마지막 단계는 '실천 문장 쓰기'이다. 먼저 하얀 종이 한 장과 펜을 준비하자. 그리고 앞에서 다룬 내용에 대한 답을 한 문장으로 만들어 써보자. 아래에 요약한 실천 문장 공식과 예시를 참고하면 된다.

> 💡 **실천 문장 공식**
>
> 나는 [영어 공부하는 이유]를 위해 [언제] [어디에서] [어떤 행동]을 할 것이다.
>
> **예시 1. 영어 공부 시작 전에 쓴 실천 문장**
>
> 나는 영어와 친해지기 위해서 아이가 낮잠 잘 때 식탁에서 영어 원서를 10분간 읽을 것이다.

예시 2. 영어 공부 시작 후에 쓴 실천 문장

이제 나는 아이와 영어로 대화할 수 있는 정도의 실력을 갖추기 위해 밤 10시에 식탁에서 30분 동안 영어 원서를 읽고 10분 동안 필사를 할 것이다.

....

    실천 문장을 또박또박 예쁘게 쓴 종이는 자신이 가장 많이 지나치는 장소에 잘 보이도록 붙여놓자. 냉장고 문, 거실 벽, 화장대 옆 등 어디든 좋다. 눈에 잘 띄는 곳이면 된다. 그리고 그곳을 지나갈 때마다 큰 소리로 문장을 한 번씩 읽어보자. 그래야만 실천 문장이 무의식에 자꾸 인식되어 습관을 형성하는 데 도움이 된다.

    처음부터 너무 큰 목표를 세우지는 말자. 실천 문장은 시간이 지나면 변할 수 있다. 영어 공부를 진행하는 상황에 따라 목적과 계획에 맞게 실천 문장을 바꾸어보자. 쉽고 간단한 것부터 시작하고, 익숙해질수록 점차 시간이나 분량을 늘려가면 된다.

환경을 조성하라

1. 잘 보이는 곳에 공부할 책 올려두기

사람은 눈에 보이는 신호를 더욱 잘 알아차리는 경향이 있다고 한다. 예를 들어 서점을 갔을 때를 떠올려보자. 우리는 책을 고를 때 주로 서점 중앙처럼 잘 보이는 곳에 전시된 책들을 먼저 펼쳐서 보곤 한다. 그렇다면 서점 가장 구석진 곳에 있는 책장, 그것도 가장 아래 칸이나 위 칸에 있는 책들은 어떤가? 자신이 찾는 책이 그 위치에 있지 않은 이상 거기까지 손을 뻗을 리 없다.

"사람들은 종종 그 물건을 원해서가 아니라 그 물건들이 자기 앞에 어떻게 놓여 있느냐에 따라 물건을 산다."

1952년 경제학자 호긴스 스넌이 한 말이다. 그가 수장하길, 사람은 눈에 보이는 신호에 영향을 많이 받는다고 한다. 습관을 일으키는 물건이 감춰져 있다면 그것들을 지나치기 쉽다. 반면, 분명히 눈에 띄는 신호는 우리 시선이나 주의를 끌어들여 습관처럼 행동하게끔 한다. 그러니 영어 원서 읽기 습관을 들이고 싶다면, 자주 머무는 곳에 영어 원서 한 권을 올려두면 된다.

2. 방해하는 물건들은 멀리하기

영어 공부를 방해하는 물건에는 무엇이 있는지 떠올려본다. 스마트폰, TV, 게임기 등 집중력을 흩트리는 물건이 있다면 잠시 멀리하자. 스마트폰이나 TV의 전원은 꺼둔다. 습관적으로 스마트폰에 시선이 가거나 화면을 터치하는 경향이 있다면 전원을 끈 다음 책상 서랍 속에 넣어두어도 좋다. 그렇지 않으면 단 5분도 되지 않아 스마트폰을 켜서 하얀 불빛을 내는 화면에 빠져드는 당신을 발견할 것이다. 공부 습관이 잡히기 전까지는 최대한 나를 방해하는 것을 멀리하는 편이 좋다.

시작하기 전에 꼭 알아야 할 것들

영어 원서 고르는 기준

영어 원서를 고르는 기준은 딱 두 가지이다. 내 수준에 맞는 것, 내가 재밌어야 할 것. 나는 이 단계가 가장 중요하다고 생각한다. 처음 읽는 분들에겐 어떤 책을 고르느냐에 따라 영어 원서 읽기가 주는 의미가 달라지기 때문이다. 어떤 사람은 '재밌고 계속 읽고 싶다.'라고 느낄 수 있고 또 다른 사람은 '역시 난 안 돼.' 하고 좌절감을 맛볼 수도 있다. 따라서 책을 잘 골라야 한다. 이제 책을 고르는 기준을 자세히 알아보자.

1. 내 수준에 맞는 것 고르기

내 수준에 맞는 책을 고르려면 먼저 자기 영어 실력이 어느 정도인지 알아야 한다. 먼저 객관적인 분석인 '렉사일 지수 lexile level(미국 국가공인 독서 능력 평가 프로그램)' 테스트를 거쳐서 책을 고르는 방법이 있다.

하지만 렉사일 지수가 같은 원서라 해도 책마다 단어나 표현 범위가 다르다. 그래서 내가 추천하고 싶은 가장 좋은 방법은 직접 서점에 가서 원서를 펼쳐보고 사는 것이다.

보통 한 페이지에 모르는 어휘가 3~5개 정도면 적당한 수준이라고들 이야기한다. 나는 개인적으로 한 페이지당 모르는 단어가 7~8개까지 있어도 읽는 데 무리가 없었다. 단어를 하나씩 찾아가며 읽는 것에도 나름 재미를 느꼈기 때문이다.

책 초반을 읽을 때는 단어를 찾지만, 책 중반부로 갈수록 반복되는 어휘가 많다. 그리고 단어를 찾지 않아도 앞뒤 문맥으로 유추할 수 있을 때가 꽤 많아서 내 기준으로는 10개까지로 정했다. 하지만 영어 원서를 처음 읽는다면 모르는 단어가 되도록 많지 않은 것으로 선택해야 한다. 모르는 어휘를 보면 당황할 수도 있고, 처음이라 사전을 하나하나 찾는데도 꽤 오랜 시간이 걸리기 때문이다. 한 페이지에 모르는 어휘가 3~4개 정도 나오면 적당하겠다.

2. 주제가 흥미로운 것 고르기

서점에 가서 책을 고를 때 우리는 아무 책이나 고르지 않는다. 자신이 좋아하는 분야 코너로 가서 평대에 놓인 책을 하나씩 살펴본다. 책 제목과 목차 그리고 내용을 대략 확인한 후에 재밌을 것 같으면 책을 구매한다. 영어 원서를 고를 때도 마찬가지다. 즉, 영어 원서를 고를 땐 내 수준에 맞는 책 중에서도 흥미로운 주제를 다룬 것으로 골라야 한다.

소설을 좋아하는 분이라면 영어 소설을, 자기계발서를 좋아하는 분이라면 자기계발서를 원서로 읽으면 된다. 이미 한국어 번역서로 읽은 작품이 있다면 그 작품을 영어 원서로 읽어보는 것도 꽤 흥미롭다. 영화로 제작된 영어 원서가 있다면 그 작품을 읽는 것도 좋은 방법이다.

어린아이를 키우는 엄마들은 아이들의 이야기를 주제로 한 소설을 선택할 수도 있고 훗날 아이에게 읽어줄 것을 대비하여 영어 그림책, 챕터북, 어린이 소설 등을 읽어도 좋겠다.

내 실력에 맞게 영어 원서 고르는 팁

원서의 종류는 그림책부터 일반 단행본까지 다양하다. 꾸준히 읽으면서 실력을 높이려면 수준별로 원서를 적절히 사용해야 한다. 다양한 원서의 종류는 따로 모아 정리했으니 그 부분(109페이지 참고)부터 읽어도 좋다.

영어 원서 읽기가 처음이라면 어떤 책부터 읽으면 좋을까? 초급자들은 영어로 책을 읽는 것에 익숙하지 않기 때문에 처음부터 글밥이 너무 많은 원서를 선택하면 부담감을 느낄 수 있다. 그렇다고 그림책을 추천해주면 아이들 장난감 같아서 공부하기에 적합하지 않은 것 같다고 말하는 사람도 있을 것이다. 물론 그런 책도 있다. 아이들의 시각, 촉각, 청각 등의 발달을 고려하여 만든 보드북 그림책처럼 말이다.

하지만 그림과 이야기가 적당히 어우러진 동화책도 있다. 어린아이를 둔 엄마라면 아이 눈높이에 맞는 동화책으로 공부를 시작하는 것도 좋은 방법이다.

최근 나는 동물에 관심을 갖기 시작한 아이에게 그림책《A Dragon On The Doorstep》을 읽어주고 있다. 아이들이 집

안 곳곳에서 서로 다른 동물 8마리를 찾아내 숨바꼭질하는 이야기다. "There is a dragon on the doorstep.", "There is a crocodile in the closet.", "There is a turtle in the toilet."과 같은 쉽고 간단한 영어 문장이 나온다. 엄마들이 읽거나 혹은 아이에게 몇 번 읽어주면 자연스럽게 "There is 물건 in/on 장소" 문장을 완벽히 익힐 수 있다. 이렇게 그림책이라 하더라도 중요한 문장 패턴 딱 하나를 완전히 자기 것으로 만들어 실생활에 사용해보는 것을 목표로 하면 유용한 독서가 될 것이다.

그림책에 익숙해진 단계에서는 리더스북이나 챕터북으로 넘어간다. 내가 실제로 가르쳤던 주부 학생은 초급 실력으로, 유치원생 딸을 키우고 있었다. 그녀는 딸이 디즈니 영화를 좋아해서 언젠가 아이와 함께 영화를 보고 느낀 소감을 영어로 나누고 싶다고 했다. 나는 그 학생에게 〈스텝 인투 리딩 Step Into Reading〉 시리즈를 1단계부터 3단계까지 읽고 책에 나온 표현을 익히도록 했다. 소리 내어 책을 읽게 하고 필사도 시켰다. 책 한 권이 얇다 보니 그녀는 한 권당 적어도 세 번씩 읽었고, 모든 시리즈를 끝냈을 때쯤엔 기본 문장 구조를 활용하여 영어 일기

쓰기와 기본 회화가 가능했다.

리더스북 중에서 단계가 낮은 책은 그림책과 수준 차이가 크게 느껴지지 않는 경우가 많다. 그러므로 리더스북 중 단계가 높은 책을 읽거나, 리더스북을 생략하고 바로 챕터북을 읽어도 된다. 요즘 성인들 사이에서는 챕터북 중〈마법의 시간여행 Magic Tree House〉시리즈가 꽤 유명한 원서이다. 온라인에서 이 시리즈를 읽고 필사하는 모임을 본 적도 있다. 이 책은 잭과 애니라는 주인공 꼬마 아이들이 마법의 오두막집을 이용해서 시간여행을 하는 이야기다. 동사와 전치사를 함께 쓰는 문장들이 많이 나오는데, 이야기 속 장면을 함께 연상하며 쉽게 익힐 수 있다는 장점이 있다.

이 외에도〈아서 챕터북 Arthur Chapter Book〉시리즈는 EBS 동영상 강의 교재로 선정할 정도로 꽤 훌륭한 책이다. 아이들이 학교와 집에서 일어나는 이야기를 다루기에 그와 관련된 표현을 많이 배울 수 있다.

챕터북까지 익숙해진 다음에는 어린이 소설을 읽으면 된다. 나는 그중 로알드 달의 작품을 매우 좋아한다.《마틸다 Matilda》,《찰리와 초콜릿 공장 Charlie and the Chocolate

Factory》은 영화로 재밌게 봤기 때문에 영어 원서로 읽을 때도 즐겁게 읽을 수 있었다. 로알드 달의 작품은 10개가 넘는다. 처음엔 번역서와 함께 읽거나, 영화로 해당 작품을 먼저 본 다음에 읽으면 훨씬 수월하다. 상상력이 넘치는 이야기를 다루는 작품이어서 아이들도 좋아할 만하기에 훗날 엄마와 아이가 함께 읽어도 손색이 없을 것이다.

만약 그림책이나 챕터북 등에 거부감을 느끼는 학습자라면 〈옥스퍼드 북웜 라이브러리 Oxford Bookworms Library〉 시리즈, 〈펭귄 리더스 Penguin Readers〉 시리즈를 추천한다. 일반 단행본 도서를 읽고 싶은데 너무 어려워서 감히 도전할 수 없을 것만 같을 때 읽기 적합한 원서이다. 두 시리즈 중에 어느 것이라도 좋다. 자신에게 맞는 단계를 찾아 읽고 싶은 책을 골라보자.

영어 원서를 읽는다는 것은 나 홀로 여정을 떠나는 것과 같다. 여행을 떠날 때 우리는 여행으로 내가 얻고자 하는 게 무엇인지 생각한다. 내가 지금 있는 위치를 파악하고, 그다음에는 어디로 가야 할지 정한다. 여행하는 과정에서 생각지 못한 어려움을 겪기도 하지만, 매 순간 '나다운' 방식으로 문제를 해결한다.

결국엔 원하는 것을 얻어 다시 일상으로 돌아온다.

영어 원서를 읽을 때도 마찬가지다. 먼저 영어 원서를 읽으려는 이유와 얻고자 하는 게 무엇인지 알아야 한다. 그런 다음 내 실력과 취향을 고려해 알맞은 책을 골라 읽는다. 중간에 포기하고 싶거나 슬럼프가 오기도 하지만, 자기 방식으로 현명하게 대처하자. 완벽한 정답이란 없다. 영어 원서를 읽는 데 수많은 정보와 가이드라인이 있지만, 내가 원하고 내게 맞는 것들만 골라서 잘 활용하는 것이 정답이다.

다양한 영어 원서의 종류

1. 그림책

0~3세 아이들은 그림책을 좋아한다. 그림책은 엄마가 아이에게 낭독해줄 수 있고, 초급 학습자들이 읽기에도 좋다. 그림책은 대부분 삽화가 많아서 지루한 느낌이 덜하고 글자가 많은 책보다 부담감도 적다. 아이들을 위한 책이라 내용이 간단하며 문장 구조가 어렵지 않다.

2. 리더스북

읽기 연습을 목적으로 만든 단계별 시리즈 도서이다. 유치원생이나 초등학교 저학년이 대상 독자이다. 단계에 따라 그림책과 수준이 비슷한 책도 있고, 그렇지 않은 책도 있다. 대표적으로 아이들에게 친숙한 디즈니 이야기를 담은 〈스텝 인투 리딩 Step Into Reading〉과 〈아이 캔 리드 I can read〉, 10단계 이상으로 구성된 〈옥스퍼드 리딩 트리 Oxford Reading Tree〉가 있다.

3. 챕터북

어린이 소설을 읽기 전에 만나는 시리즈 도서이다. 컬러보다는 흑백으로 된 경우가 많고 100페이지 내외로 내용이 이루어져 있다. 똑같은 주인공이 책마다 다른 에피소드를 들려준다. 모험, 과학, 역사, 판타지 등 장르가 다양하고 단계별로 문법이나 어휘 수준도 다르다. 대표적으로 〈마법의 시간여행 Magic Tree House〉, 〈네이트 더 그레이트 Nate the Great〉, 〈아서 챕터북 Arthur Chapter Book〉, 〈직소 존스 미스터리 Jigsaw Jones Mysteries〉 등이 있다.

4. 어린이 소설

어린이를 위한 영어 소설책이다. 일반 단행본보다 영어 문장 구조나 어휘가 쉽다. 초중급 실력에 해당하는 성인 학습자들이 영어 공부하기에 적합한 책이다. 대표적인 작품으로는 로알드 달의 《마틸다 Matilda》, 《요술 손가락 The Magic Finger》, 《찰리와 초콜릿 공장 Charlie and the Chocolate Factory》, 《제임스와 슈퍼 복숭아 James and the Giant Peach》 등이 있다.

5. 교육용 영어책

1) 〈옥스퍼드 북웜 라이브러리 Oxford Bookworms Library〉 시리즈

옥스퍼드 대학교 출판부에서 읽기 교육용으로 집필한 시리즈 도서이다. 책 겉표지에는 난이도를 나타내는 숫자가 적혀 있다. 스타터부터 6단계까지 난이도를 모두 7단계로 나누어 구성했다. 다양한 장르의 문학 작품을 단계별로 골라 쉽고 재미있게 읽을 수 있다.

2) 〈펭귄 리더스 Penguin Readers〉 시리즈

펭귄 북스에서 출판하는 시리즈 도서로, 난이도를 기준으로 단계별로 단어나 문법 수준을 나누어 만들었다. 스타터부터 7단계까지 구성되어 있다. 대표적으로 《크리스마스 캐럴 A Christmas Carol : level 1》, 《아름다운 아이 Wonder : level 3》, 《미 비포 유 Me Before You : level 4》 등이 있다.

6. 일반 단행본

주로 성인이 읽는 일반 단행본 영어 원서이다. 자기계발서나 에세이, 소설 등이 있다. 한국어로 먼저 출간된 책이 영어로 번역 출간되기도 한다.

적은 양이라도 꾸준히 읽자

예전에 우연히 어느 블로거가 영어 원서 읽기 방법을 주제로 쓴 글을 읽은 적이 있다. 그는 영어 문장을 최대한 많이 접해야 한다며 영어 원서를 적어도 하루에 한 챕터씩 읽으라고 말했다. 그래야만 10일 혹은 2주 내로 책 한 권을 완독할 수 있다고 했다. 당시 영어 원서 읽기에 대해 아무런 정보가 없던 나는 '하루 한 챕터'를 실천해보기로 했다. 하루에 하나의 챕터를 읽으려면 적어도 내게는 2시간이 넘는 시간이 필요했다. 아이가 잠든 시간을 활용했지만, 유난히 속도가 느린 날은 시간이 더 많이 필요했다. 그러다 보니 하루 분량을 채우지 못하는 날이 늘어만 갔다. 결국, 얼마 지나지 않아 영어 원서 읽기를 중단하는 사태에 이르고 말았다. 정해진 분량만큼 읽지 못하는 날이 늘어갈수록 나 자신에게 한 약속을 지키지 못했다는 사실에 화가 났다. '빨리 읽어야 하는데.' 하는 조바심 때문에 책 내용에도 집중이 잘되지 않았다.

내게 하루 한 챕터 읽기는 무리였다. '뱁새가 황새 따라가다 가랑이가 찢어진다.'라는 속담처럼 남들이 하는 방식을 쫓다가 결국엔 지쳐 포기하는 꼴이었다. 육아와 집안일을 하며 이미 체력을 많이 소모하는 상태인데, 익숙하지도 않은 영어 원서 읽기에 무리해서 도전했으니 어쩌면 당연한 결과였다. 이 사실을 인정하고 계획을 바꾸어 다시 도전해보기로 했다. 읽는 분량에 집착하지 않고 원서 읽는 시간을 정한 다음, 그 시간 동안 원하는 만큼 읽기 시작했다. 어떤 날은 5페이지를 읽은 날도 있고 또 다른 날은 10페이지 이상을 읽기도 했다. 가끔 컨디션이 좋거나 남편이 아이를 봐주는 날에는 마음 놓고 한 챕터 이상씩 읽은 적도 있다. 읽고 싶은 책이 있어도 두께가 두껍거나 난이도가 높으면 다음을 기약했다.

영어 원서 읽기 습관이 잡히지 않은 사람들은 하루에 단 몇 페이지만 읽어도 진이 빠질 수 있다. 또한 똑같은 시간 동안 책을 읽는다고 쳐도, 원서 종류나 수준에 따라 읽는 양은 차이 날 수밖에 없다. 소화할 수 없는 분량을 욕심내면 아무리 열심히 달려도 늘 부족하다는 생각이 든다. 결국 '나는 역시 안 돼.'라는 불만이 생겨 아예 원서에 손도 대지 않는 날이 늘어난다. 원서를 읽을 땐 내가 소화할 수 있는 양만큼만 읽고 즐기면 된다. 영어 원서를 얼마나 많이 그리고 빨리 읽느냐가 중요한 것이 아니다. 양보다는 질이 먼저다. 읽는 순간에 집중하며 '나도 영어 원서 읽기를 할 수 있다'는 성취감을 느끼는 것이 우선이다. 적은 양이라도 꾸준히 읽는 습관을 들이자.

필사와 낭독, 때로는 번역서와 함께

책을 읽다 보면 자신도 모르게 몰입하는 순간이 있다. 감동적인 문구를 만나거나 이야기가 흥미진진해지는 장면일 수 있다. '와!' 하고 탄성이 새어 나오며 나도 모르게 연신 고개를 끄덕일 때 나는 그 문장에서 오래 머무르는 걸 좋아한다. 보석 같은 문장을 그저 읽고 흘려버리는 것이 너무 아깝기 때문이다.

소리 내어 문장을 읽어도 본다. 눈으로 문장을 몇 번이고 곱씹어본다. 그리고 형광펜으로 밑줄을 긋는다. 밑줄 그은 문장을 새하얀 노트에 손 글씨로 꾹꾹 눌러 필사한다. 책장을 넘기는 순간 휘발될 수 있는 문장들이 눈과 손을 지나 내 안에 머무르는 것 같은 느낌이 든다. 보통 그렇게 영어 원서 한 권을 읽고 나면 나중에 형광펜으로 표시한 부분만 읽어보거나 필사 노트만 펼쳐 봐도 줄거리가 생생히 떠오른다.

내게는 영어 원서 읽기를 즐기는 또 다른 방법이 있다. 한국어 번역서를 함께 참고하는 것이다. 영어 원서 한 문장 읽고 번역서를 보며 제대로 해석했는지 확인하는 용도가 아니다. 한국어 번역서는 필사할 때 사용하는 편이다. 나는 영어 필사와 한국어 필사를 같이 하는 것을 좋아한다. 마음에 울림을 주는 문장을 영어로만 읽지 않고 우리말로 읽으면서 더 깊이 이해하기 위해서다. 두 가지 언어 사이에는 사소하지만 분명한 뉘앙스 차이가 존재한다. '사랑해'라는 말과 'I love you'라는 말이 주는 의미가 다르듯 책을 읽을 때도 마찬가지다. 어쩌면 이런 점 때문에 영어 원서를 읽는 건지도 모르겠다. 표현하는 방식에서 우리나라 말과 어떤 부분이 다른지 알아가는 것도 참 즐거운 일이다.

The present is not the past and it is not the future. The present is the present moment! The present is right now.
세상에서 가장 소중한 선물은 과거도 아니고 미래도 아니다. 세상에서 가장 소중한 선물은 바로 현재의 순간이다! 바로 지금 이 순간이다.

《선물 The present》의 영어 원서와 한국어 번역서에서 발췌한 구절이다. 영어로 문장을 읽었을 때와 한국어로 읽었을 때 와닿는 느낌은 확실히 차이가 있다. 'right now'와 '지금 이 순간'이 주는 임팩트의 크기는 분명 다르다. 모국어인 한국어로 문장이 주는 힘을 더 강렬하게 느끼면 시간이 지나도 오랫동안 내용이 생생하게 떠오른다.

나는 때로 필사를 마친 후에 그날 읽은 원서 내용을 처음부터 끝까지 낭독한다. 영어 원서뿐만 아니라 영어 신문, 영어 연설문 대본 등 다양한 자료를 소리 내어 읽는 것을 좋아한다. 영어 원서를 낭독하면 발음 교정을 할 수 있고 그날 읽은 내용을 다시 한번 되새길 수 있기 때문이다.

'완독'의 기준을 스스로 세우자

원서를 읽는 방법은 자기 자신에게 달려 있다. 누가 규칙을 정해놓지 않았다. 그렇기에 영어 원서를 읽는 시간만큼은 내가 'Reader'이자 'Leader'가 된다. 내가 읽고 싶은 책을 스스로 고르고 독서법도 스스로 개척해나간다.

나는 원서를 읽을 때, 주로 모르는 단어가 나와도 바로 사전을 찾지 않는다. 문맥상으로 이해하는 데 큰 문제가 없으면 넘어갈 때도 있다. 모르는 단어가 반복되어 나오거나 흐름으로도 의미를 유추하기 어려운 단어만 찾는다. 그리고 사전으로 찾은 단어들은 정해진 분량을 읽은 다음에 한꺼번에 정리한다.

또한 이해하기 어렵거나 지루한 내용이 나오면 과감히 생략한다. 분량은 내가 기분 좋게 소화할 수 있을 만큼만 읽는다. 마음에 드는 문장은 줄을 쳐가며 노트에 옮겨 적어보거나 소리 내어 읽는다. 유난히 잘 읽히지 않는 책들은 과감히 덮는다. 존 원더스푼이 "단순히 읽기 시작했다는 이유만으로 결코 책을 끝까지 읽지 마라.(Never read a book through merely because you have begun it.)"라고 한 것처럼 꼭 모든 책을 완독할 필요는 없으니까. 오히려 이런 시행착오를 거치며 내게 맞지 않는 책이 어떤 종류인지 배울 수 있다.

사람들은 '완독'이 무엇인지 저마다 기준이 다르다. 어떤 사람은 책 속 모든 문장과 단어를 하나하나 꼼꼼하게 읽어야만 '완독했다'고 표현한다. 하지만 내가 생각하는 '완독'의 의미는 조금 다르다. 내가 반할 수 있는 문구 하나만 발견해도 그 책에서 얻을 건 얻었다고 판단한다. 첫 장부터 마지막 장까지 꼼꼼하게 다 읽는 완독은 내가 추구하는 목표가 아니다. 그렇게 되면 두꺼운 원서를 펼치기 전에 벌써 겁이 나서 제대로 즐길 수가 없다. 그저 좋은 영어 문구 채집이나 해보자는 마음으로 영어 원서를 펼친다. 그래야만 영어 원서 읽기가 기분 좋은 습관으로 자리 잡을 수 있다.

영어 원서를 읽는 동안에는 온전히 책 내용, 내가 읽는 영어 문장에만 집중한다. 작가와 한 호흡이 되어 영어 원서를 읽어 내려가다 보면 명상한 것처럼 마음이 차분해진다. 기쁠 때나 슬플 때, 무기력감이 찾아와도 습관처럼 영어 원서를 펼친다. 유일하게 스트레스를 받지 않고 영어를 접할 수 있는 좋은 취미이다. 삶의 활력을 찾고 싶거나 즐겁게 영어 공부를 하고 싶다면 영어 원서 읽기를 추천한다.

영어 원서, 나는 이렇게 읽는다

원서를 읽다 보면 여러 차례 난관에 부딪힌다. 바로 모르는 단어를 만났을 때, 해석이 되지 않을 때, 속도가 더뎌서 불안할 때이다. 이럴 때는 인터넷에서 영어 원서 읽기에 관한 여러 방법을 찾아보는데 어떤 게 맞는 방식인지, 무엇이 내게 맞는지를 몰라 혼란스럽기도 하다. 시중에 나온 여러 책만 봐도 그렇다. 어떤 책에서는 모르는 단어를 다 찾지 않으면 그 책을 완독한 것이 아니라고 말하고, 또 다른 책에서는 모르는 단어는 내용을 이해하는 데 무리 가지 않을 정도면 넘겨도 좋다고 말한다. 그럼 대체 어떤 게 정답인 걸까?

인터넷이나 영어 공부법 관련 책에서 모르는 단어를 일일이 찾을 필요가 없다고 말하는 글을 많이 보았다. 나도 그런 방식으로 원서를 술술 읽은 적이 많다. 정확한 단어의 쓰임새를 사전으로 찾지 않아도 의미를 파악해서 책을 읽을 수 있다. 모르는 어휘라도 짜임새 있는 문맥 속에서 반복적으로 나오면 대략 '아, 이런 뜻이겠구나.' 하고 생각하며 읽었다. 오히려 흐름이 끊기지 않아 책을 읽을 맛이 난다는 느낌이 들어서 좋았던 부분도 있다.

하지만 문제는 책을 읽고 난 후에 생겼다. 책을 읽는 동안에는 단어의 의미가 머릿속에 저절로 그려졌지만, 책을 덮는 순간 그 단어가 내 머릿속에서 증발해버리는 경험을 자주 했다. 다른 영어 원서를 읽을 때 어디선가 봤던 어휘인데 뜻을 정확히 알지 못할 때가 많았다. 바로 전에 읽던 원서에서 눈으로 여러 번 익혔던 단어마저도 기억이 제대로 나질 않았다.

사실 그때 나는 책을 많이 읽어야 한다는 욕심에 자주 나오는 핵심 단어나 표현조차 제대로 공부하지 않고 넘어갔다. 한 달, 두 달. 시간이 지날수록 완독한 영어 원서의 숫자는 늘어난 반면, 책으로 어휘나 표현을 흡수하는 속도는 꽤 느려 보였다. 그렇다고 모르는 어휘가 나올 때마다 그 자리에 멈춰 서서 사전을 찾고 싶진 않았다. 책을 읽는 속도가 느려질 뿐만 아니라 내용의 흐름이 자꾸 끊겨 책을 읽는 데 재미를 느끼지 못했기 때문이다. 고민한 끝에 나는 다음과 같이 원서를 읽기로 했다.

💡 나만의 영어 원서 읽기 방법

① 샤프나 연필, 형광펜 3색을 준비한다.

② 원서를 읽는다.

③ 모르는 어휘가 나오면 하나도 빠짐없이 샤프나 연필로 밑줄 긋는다.

④ 뜻을 몰라 맥락 해석까지 안 되는 단어만 그때그때 사전을 찾는다.

⑤ 사전을 찾은 단어는 형광펜 1로 살짝 표시해둔다.

⑥ 모르는 어휘지만 문맥 흐름을 보고 이해가 간다면 연필로 표시하고 넘어간다.

⑦ 원서를 읽다가 필사하고 싶은 감동적인 문구가 있으면 형광펜 2로 밑줄 긋는다.

⑧ 영어 문장 구조상 회화에 도움이 될 것 같거나 문법적으로 공부해야 할 부분은 형광펜 3으로 밑줄 긋는다.

⑨ 책을 읽고 나면 필사 노트에 형광펜 2로 그은 문장들을 필사한다.

⑩ 그 옆에 형광펜 1로 표시한 어휘와 사전에서 찾은 뜻을 적는다. 모르는 어휘가 포함된 문장을 통째로 함께 기록한다.

⑪ 형광펜 3으로 그은 문장들은 필사한 페이지 옆 페이지에 따로 적는다.

여러 번 시행착오를 겪고 나에게 맞는 방법을 스스로 찾았다. 나는 영어 원서 읽기로 쌓은 어휘나 표현 등을 활용하고 싶었다. 감동적인 문구만 필사한 것이 아니라 문법 공부를 위해 다시 살펴볼 만한 문장이 있으면 무조건 형광펜 3으로 줄을 그어둔다.

사실 이렇게 하다 보니 독서량이 많지는 않다. 필사하는 양이 어마어마해지기 때문이다. 그래서 나는 독자들에게 이 방법을 그대로 따라 하기보다는 형광펜 1과 2까지만 활용해보기를 권한다. 시간이 지나서 영어 원서 읽기에 익숙해지거나 영어 공부를 제대로 해야겠다는 마음이 생긴다면 앞서 언급한 방식대로 따라 해보길 추천한다.

해석이 안 되는 원인은 두 가지다

원서를 읽다가 해석이 안 되는 부분이 있으면 어떻게 해야 할까? 해석이 안 되는 원인은 두 가지로 나눌 수 있다. 모르는 단어가 나왔을 때와 문장 구조가 눈에 들어오지 않을 때이다. 모르는 단어가 나오면 사전을 찾아서 다시 문장을 해석해보면 된다. 내가 가르치던 한 학생이 'There must be some way out of this.'라는 문장이 정확히 이해되지 않는다고 말한 적이 있다. 'There must be some way'가 '어떤 방법이 분명히 있을 거야.'라는 뜻인 건 알겠는데 그 뒤에 나오는 'out of this'가 무슨 의미인지 이해되지 않는다며 사전에 'out of'를 검색했다. 그 후에 학생은 그 뜻이 '~의 밖으로, ~범위 밖에'라는 것을 알 수 있었고 'out of this'라는 건 '여기를 빠져나가는'으로 이해했다. 이 문장의 뜻은 '여기를 빠져나갈 방법은 틀림없이 있을 거야.'이다.

사전을 찾아 해석하는 과정이 어렵게 느껴지고 번거롭다고 말하는 사람도 있다. 영어 공부를 제대로 해본 적이 없거나 영어 원서를 처음 보는 경우다. 그런 경우 번역서를 먼저 읽고 원서를 읽거나, 해석되지 않는 부분은 번역서를 참고하라고 조언한다. 한국어로 어떤 의미로 해석되는지 알고 난 후에 영어 단어를 찾으면 훨씬 이해도가 높아진다. 만약 그래도 해석이 안 된다면 문장 구조를 이해하지 못해서일 것이다. 문장 구조를 파악하는 것은 본인 실력에 알맞은 영어 원서를 꾸준히 읽고 다양한 문장을 접해보면 저절로 해결된다.

사실 원서를 읽다 보면 구어체나 비문법적인 표현이 상당히 많은 것을 알 수 있다. 작가가 전달하고 싶은 의미를 극대화하기 위해 문장 구조를 일부러 꼬아놓을 때도 많다. 로알드 달의 소설인 《내 친구 꼬마 거인 The BFG》이 대표적이다. 이 원서에서는 듣지도 보지도 못한 단어들이 줄줄이 나왔다. 한 예로 'snozzcumber'라는 단어가 있다. 사전을 아무리 검색해도 나오지 않아 결국 인터넷 포털 검색을 이용했다. 구글과 네이버를 검색하니 다음과 같은 결과가 나왔다.

"The Snozzcumber is a fictional foodstuff featured prominently in this The BFG."

"A cucumber-like vegetable from the BFG."

작가가 기존 단어가 띠는 속성을 이용해 소설 속에서 만들어 낸 단어였다. 결국 맥락 속에서 의미를 유추할 수밖에 없다. 게다가 《내 친구 꼬마 거인 The BFG》에는 비문법적인 표현이 자주 등장했다.

"'I is a very mixed-up Giant,' the Gaint said. 'But I

does do my best. And I is not nearly as mixed up as the other giants. I know one who gallops all the way to Wellington for his supper.'"

위의 글을 보면 알 수 있듯이, 'I am'이 아니라 'I is'를, 'I do' 대신 'I does'를 사용한다. 이런 책들은 어느 정도 영어 실력을 갖춘 독자라면 저자 의도를 파악해 재미있게 읽을 수 있을 것이다. 하지만 초급 학습자에게는 혼란을 줄 수 있다. 그러므로 너무 어렵게 느껴지는 영어 원서라면 그 책은 과감하게 덮어두자. 영어 원서를 읽는 데 자신감과 흥미를 잃기 전에 조금 더 쉬운 원서를 골라 쭉쭉 읽어 나가야 한다. 덮어두었던 책은 시간이 지나서 어느 정도 독해 실력이 올랐을 때 다시 읽어보면 된다.

속도보다는 꾸준함이 우선이다

읽는 속도가 느리다고 걱정하는 학습자들이 있다. 그러나 이 부분은 전혀 염려하지 않아도 된다. 자꾸 읽다 보면 속도가 빨라지기 때문이다. 만약에 영어 원서를 읽을 때 책장 뒤쪽을 넘기면서 남은 분량을 자꾸 확인하는 버릇이 있다면 당장 고쳐야 한다. 읽은 양보다 읽어야 할 양이 많을 때 느껴지는 압박감이 원서 읽는 재미를 방해할 수 있다. 그러니 내 영어 실력과 읽는 속도에 따라 하루에 읽을 분량을 정하면 된다.

초급 학습자는 하루에 한 장씩 읽는 것부터 시작해보자. 어쩌면 하루에 한 장도 많게 느껴질 수 있다. 하지만 10분마다 한 단락씩 읽는다고 생각하면 하루에 충분히 읽을 수 있는 양이다. 처음엔 한 장씩 읽고, 익숙해지면 점점 양을 늘려나가자.

영어 원서를 읽을 때마다 '내가 잘하고 있는 걸까?', '이게 맞나?' 하는 생각이 드는 건 당연한 일이다. 낯선 언어로 책을 읽는 자기 자신이 대견하면서도 한편으로는 제대로 읽고 있는 건지 불안하다. 하지만 불안한 마음은 접어두자. 책을 읽을 때만큼은 내가 'Reader'이자 'Leader'이다. 꼭 기억하자. 그리고 내가 좋아하는 책을 자기 속도로 꾸준히 읽어 나가자. 다른 사람들의 속도나 실력과 비교하지 말자. 스스로를 믿고 격려하는 마음으로 불안한 마음을 달래주어야 한다. 지금 당장 눈에 띌 만한 성과가 나타나지 않더라도 꾸준히 해낼 수 있는 용기를 주어야 한다.

영어 원서 읽기 실천 가이드 3단계

영어 원서를 읽는 방법에 정해진 답은 없다. 하지만 읽는 사람의 영어 실력이나 영어 원서를 읽는 목적에 따라 그에 맞는 방법은 따로 있다. 이번에는 영어 원서를 처음 접하는 초급 학습자를 위해 영어 원서 읽기 방법을 3단계로 나누어 소개한다. 자신에게 필요한 부분을 참고하여 따라 해 보길 권한다.

1단계 : 하루 5분, 영어 원서 읽기

영어 원서를 처음 접하는 학습자를 위한 단계이다. 1단계 공부법의 목적은 영어에 거부감을 줄이고 영어와 친해지는 것이다. 1단계 영어 실력은 기초 수준이며, 이 단계에 해당하는 학습자는 영어 공부 습관이 전혀 잡히지 않은 상태이다. 그러므로 처음부터 어려운 책을 읽거나, 너무 긴 시간을 투자하지 않는다. 무조건 쉽고 간단하게 시작해야만 습관으로 만들 수 있다. 하루에 딱 5분만 시간을 내어 영어 원서를 읽어보자.

준비물
그림책 또는 리더스북 한 권, 형광펜

방법
① 영어 원서를 5분간 읽는다.
② 원서를 읽으면서 모르는 단어가 나오면 형광펜으로 밑줄 그어놓는다.
③ 사전을 찾은 다음 단어 옆에 뜻을 적어둔다.
④ 필사할 문장을 하나 골라서 형광펜으로 표시해 둔다.

알아두기
사전으로 뜻을 찾을 때는 발음을 꼭 세 번 이상 듣고 따라 말해보자.

2단계 : 하루 15분, 영어 원서 읽기

2단계는 1단계에서 언급한 그림책이나 리더스북 등을 다섯 권 이상 읽은 학습자에게 해당한다. 2단계 공부법의 목적은 영어 문장에 익숙해지는 것이다. 영어 문장이 우리나라 말과 어떻게 다른지, 어떤 어순으로 구성되어 있는지 자세히 살펴보는 단계이다.

준비물
챕터북 또는 어린이 소설 한 권, 형광펜

방법
① 영어 원서를 15분간 읽는다.
② 원서를 읽으면서 모르는 단어가 나오면 형광펜으로 밑줄 그어놓는다.
③ 사전을 찾은 다음 단어 옆에 뜻을 적어둔다.
④ 필사할 문장을 3개 골라 형광펜으로 표시해둔다.

알아두기
사전으로 뜻을 찾을 때는 발음을 꼭 듣고 따라 말해본다. 적어도 세 번은 발음을 듣고 따라 하자.

3단계 : 하루 20분 이상 영어 원서 읽기

챕터북이나 어린이 소설을 최소 세 권 이상 읽은 학습자에게 해당한다. 3단계는 영어 원서 읽기에 어느 정도 익숙해지고 그에 대한 흥미가 고조되는 단계이다. 3단계 공부법의 목적은 영어 원서 읽기에 완벽히 적응하는 것이다.

준비물
어린이 소설 또는 읽고 싶은 일반 단행본 한 권, 형광펜

방법
① 영어 원서를 20분간 읽는다.
② 원서를 읽으면서 모르는 단어가 나오면 형광펜으로 밑줄 그어놓는다.
③ 뜻을 유추해보거나 사전을 찾아서 단어 옆에 뜻을 적어둔다.
④ 필사할 문단 1개를 골라서 형광펜으로 표시해 둔다.

알아두기
① 3단계부터는 모르는 단어를 만나면 문맥의 흐름으로 뜻을 유추해보는 연습을 하자. 유추하기 어려울 때는 사전을 찾아본다.
② 모르는 단어 개수가 5개를 넘어가면 한 번에 외우기 어려울 수 있다. 그럴 때는 모든 단어를 외우지 말고, 내용을 이해하는 데 뜻이 중요한 단어나, 반복되는 단어 위주로만 외운다.
③ 단어를 외울 땐 단어만 외우지 말고 문장을 통째로 외우는 것을 추천한다.

단계별 추천 원서

읽으면 도움이 되는 영어 원서를 단계별로 구별해 놓았다. 자신의 수준을 파악하고 '영어 원서 읽기 실천 가이드'와 함께 활용하면 더욱 효과적일 것이다.

1단계 영어 원서

1. 그림책

《Eat Your Peas》, Kes Gray & Nick Sharratt
《WE'RE ALL WONDERS》, R. J. Palacio
《ARE WE THERE YET?》, Dan santat
《MISTER SEAHORSE》, Eric Carle
《My Mom》, Anthony Browne
《My Dad》, Anthony Browne
《A Dragon on the Doorstep》, Stella Blackstone

2. 리더스북

〈Step Into Reading〉 시리즈
〈I can read〉 시리즈
〈Oxford Reading Tree〉 시리즈 1~5단계

3. 교육용 영어책

〈Oxford Bookworms Library〉 시리즈 중 스타터~1단계
〈Penguin Readers〉 시리즈 중 스타터~1단계

2단계 영어 원서

1. 챕터북
⟨Magic Tree House⟩ 시리즈
⟨Nate the Great⟩ 시리즈
⟨Arthur Chapter Book⟩ 시리즈
⟨Jigsaw Joes Mystery⟩ 시리즈

2. 어린이 소설
《The Magic Finger》, Roal Dahl
《The enormous crocodile》, Roal Dahl
《Fantastic Mr. Fox》, Roal Dahl
《The Giving Tree》, Shel Silverstein

3. 교육용 영어책
⟨Oxford Bookworms Library⟩ 시리즈 중 2단계~3단계
⟨Penguin Readers⟩ 시리즈 중 2단계~3단계

3단계 영어 원서

1. 어린이 소설
《Matilda》, Roald Dahl
《James and the Giant Peach》, Roald Dahl
《Charlie and the Chocolate Factory》, Roald Dahl
《Fantastic MR. Fox》, Roald Dahl
《Wonders》, R. J. Palacio
《How to steal a dog》, Barbara O'connor
《Charlotte's Web》, E. B. White

2. 교육용 영어책

〈Oxford Bookworms Library〉 시리즈 중 4단계
〈Penguin Readers〉 시리즈 중 4단계

3. 일반 단행본

《Who moved my cheese?》, Spencer Johnson
《The present》, Spencer Johnson
《The Five People You Meet in Heaven》, Mitch Albom
《The Little Prince》, Antoine de Saint Exupery
《Master Your Time Master Your Life》, Brian Tracy
《Tuesdays with Morrie》, Mitch Albom

'필사'라 쓰고 '힐링'이라 읽는다

읽고, 기도하고, 쓰라

항공사 승무원으로 재직하던 시절 지독한 슬럼프를 겪은 적이 있다. 입사 3년 차가 될 즈음이었다. 한국에서 7천 킬로미터나 떨어진 중동 하늘 아래 오로지 나만 혼자 있는 듯한 기분으로 하루하루를 보냈다. 마음 의지할 곳 없이 먼 타국에서 힘들어하는 내가 안쓰러웠는지 가장 친한 친구가 평소 내가 읽고 싶어 했던 책을 몇 권 보내주었다. 친구가 보내준 소포에는 정이현의 《달콤한 나의 도시》, 강신주의 《강신주의 감정수업》, 엘리자베스 길버트의 《먹고 기도하고 사랑하라 Eat, Pray, Love》, 무라카미 하루키의 《1Q84》 등이 있었다.

소설을 좋아했던 나는 가장 먼저 《달콤한 나의 도시》와 《1Q84》를 읽기 시작했다. 책 속 이야기에 푹 빠져들자 현실에서 느끼는 우울한 감정은 어느새 잊힌 듯했다. 그러나 책을 덮고 난 후에는 이따금 다시 부정적인 감정이 맴돌았다. 그래도 아무 것도 안 읽는 것보다는 뭐라도 읽어야 마음이 덜 괴로울 것 같았다. 이번에도 다시 책을 집어 들었다. 《먹고 기도하고 사랑하라 Eat, Pray, Love》를 읽을 차례였다. 책 제목부터 내 마음 속 문제를 해결해줄 것만 같았다. 꽤 오랜 시간이 지났지만 지금도 선명하게 기억난다. 책 도입부에서 여주인공이 자기 삶을 비관하는 장면에 몰입했던 순간이.

주인공은 목숨만큼 사랑했던 남자와 결혼해 자기가 그토록 원했던 집에서 산다. 남들이 보기에 그럴듯해 보이는 삶을 사는 게 분명했다. 하지만 자신이 불행하다고 느낀 여자는 열렬히 사랑했던 남자와 이혼을 원했다.

언뜻 보면 이해가 안 되는 내용이지만 난 그 여자의 심정이 궁금해졌다. 나 역시 남들이 보기엔 그럴싸해 보이는 삶을 사는 것처럼 보였을 테니까. 당시 나는 그토록 원하던 외국 항공사에 입사해서 전 세계를 누비고 있었다. 그런데 내 마음은 행복과 거리가 멀었다. 겉으론 멀쩡해 보여도 속으로는 늘 울고 있었다. 이런 이유 때문인지 여자 주인공이 괴로워하는 장면을 보면서 마치 나와 비슷한 처지에 있는 사람 같다고 생각했다. '그를 사랑하는 만큼 그를 견디기 힘들었다.'라는 문장을 읽을 땐 마치 누가 내 마음을 대변하는 것만 같은 느낌이었다. 내 일을 정말 사랑하지만 그만큼 외로움과 공허함도 컸기에 이러지도 저러지도 못했던 그 심정을 말이다. 여자 주인공이 그 위태로운 순간을 어떻게 극복할지 궁금했다. 얼마 지나지 않아 내 눈길을 끄는 한 장면이 보였고, 나는 바로 책 귀퉁이를 접었다.

아무런 희망도 없고 생사가 달린 절망에 빠진 주인공은 욕실에 주저앉아 무작정 신에게 기도했다. 자신이 가장 익숙한 방법으로 간청했다.

"얼마나 애걸했는지 모르겠다. 목숨을 간청하는 사람처럼 아주 절실한 기도였다. 불현듯 내가 더는 울고 있지 않다는 걸 깨달았다. 사실 한참 울던 도중에 눈물이 멈춰 버렸다. 불행이 몽땅 빨려 나간 듯했다. 난 바닥에서 이마를 들고 어리둥절한 상태로 앉아 혹시 내 울음을 가져가버린 위대한 존재가 나타나려는 것인가 생각했다."

절실한 마음을 담아 간절히 기도함으로써 순간의 고통이 사라졌다는 게 신기했다. 내가 한 번도 경험한 적 없었거니와, 그저 허공에 대고 말을 내뱉으면서 기도를 한다는 게 진짜로 도움이 될지 궁금했다. 만약 그렇다면 나도 안 해볼 이유가 없었다. 단, 종교가 없었던 나는 기도가 낯설고 어려웠기에 내 방식으로 시도해보기로 했다. 그건 바로 글로 표현하는 것이었다. 근사한 노트에 깔끔한 글씨로 에세이 형식의 글은 쓰는 건 아니었다. 책을 읽으면서 순간에 떠오르는 생각이나 감정을 책에 끄적이는 정도였다. 하지만 그 순간에는 글을 쓰며 기도하는 심정이었다.

그 후로도 책을 읽다가 마음에 드는 구절이 나오면 책 귀퉁이를 접고 그 구절에 밑줄을 그었다. 그런 다음 그 옆에 내 생각을 정리해서 적어보았다. 책을 읽고 느낀 감정을 글로 쓰고 나니 꼭 든든한 내 편이 생긴 것만 같았다. 책에 일기를 쓰듯 꾸준히 생각을 기록해나갔다.

필사로 인생 문장을 마음에 새기다

　사실 나도 그토록 원하던 꿈을 이룬 내가 왜 매번 슬럼프를 겪는지 잘 알지 못했다. 그런데 마음을 차분히 정리해서 활자로 옮기는 과정에서 깨달았다. 지금까지 단 한 번도 누군가에게 내가 느꼈던 감정을 털어놓은 적이 없었다는 것을.

　내 상황이나 마음을 솔직하게 말하기가 어려웠다. 늘 '부모님께서 걱정하실 거야.', '친구들은 각자 취업 준비하느라 정신없겠지.'라고 생각했다. 내 감정을 모른 체한다고 해서 쉽게 사라지는 게 아니라는 걸 알고는 있었다. 하지만 아무리 주위를 둘러보아도 내 마음을 진심으로 이해해줄 사람은 없어 보였다. 그랬던 내게, 어느 날 우연히 책 속 주인공이 마음을 달래는 방법을 알려준 것이었다.

　《먹고 기도하고 사랑하라 Eat, Pray, Love》의 마지막 장을 덮고 나니, 책을 읽는 동안 마음을 편안하게 했던 문장들을 되짚어보고 싶어졌다. 깊이 공감했던 장면들을 다시 떠올리면서 내가 받은 느낌을 한 번 더 마음에 새기고 싶었다. 맨 앞 장으로 돌아가 책을 펼쳤다. 그런데 신기하면서도 이상했다. 내가 감동했던 장면인데도 마치 처음 읽는 것만 같았다. 내 마음을 달래준 보석 같은 문장들이 어느새 기억 속에서 날아가버리고 만 것이다. 손으로 모래를 한 움큼 쥐자 손가락 사이사이로 스르륵 빠져나가듯이.

그때 좋은 생각이 떠올랐다. 밑줄만 그을 것이 아니라 그 문장들을 하나하나 내 마음에 새겨두어야겠다는 생각이 들었다. 다이어리를 펼쳐 뒤쪽에 메모할 수 있는 공간을 찾았다. 다시 책을 읽는다는 마음으로 밑줄 친 문장들을 모조리 다이어리에 옮겨 적었다. 하루에 한 챕터를 읽고 밑줄 친 부분을 필사했다. 그 아래엔 내 생각도 함께 적었다. 처음 책을 읽었을 때 메모했던 감정과 현재 감정이 얼마나 다른지도 한눈에 보였다.

'아! 이게 바로 필사하는 맛이로구나.'

그 후로도 마음이 힘들거나 슬럼프가 오면 어김없이 필사했다. 내가 평소에 좋아하는 소설이나 산문집 등 장르를 가리지 않고 필사했다. 필사를 시작한 후 생활 방식에도 변화가 찾아왔다. 평소에 불규칙한 비행 스케줄로 불면증에 시달리던 나는 수면유도제를 먹거나 밤을 꼴딱 새우고 비행을 가곤 했다. 하지만 이제 잠이 오지 않는 밤에 억지로 눈을 감고 침대에 누워 있을 필요가 없었다. 책을 읽고 필사하고 생각을 정리하다 보면 어느새 마음이 차분해지고 졸음이 왔다. 다른 나라로 비행을 갈 때도 책 한 권과 노트를 챙겨갔다. 그렇게 타국에서 지내는 생활을 버텨 나갔다.

산후 우울증을 극복하게 해준 영어 필사

필사를 하며 버틴 지 몇 년 후, 한국으로 돌아와서 아이를 출산하고 엄마가 되었다. 마음이 텅 비어버린 듯한 공허함과 무기력증에 나는 또다시 책과 펜을 들었다. 내가 처음 읽은 원서는 스펜서 존슨의 《선물 The present》이다. 형광펜으로 줄을 그으면서 책을 읽었다. 그리고 노트에 밑줄 그은 내용을 필사했다. 한국어 번역서도 갖고 있었기에 한국어로도 함께 필사했다.

Even in the most difficult situations, when you focus on what is 'right' in the present moment, it makes you happier today. And it gives you the needed energy and confidence to deal with what is wrong.

아무리 어려운 상황에 처해 있어도 현재 이 순간 '옳은' 것에만 집중하면 더 행복해질 수 있습니다. 그리고 활력과 자신감을 얻어 그른 일도 잘 처리할 수 있습니다.

앞 구절은 내가 노트에 필사한 내용이다. 여기에 대한 내 생각은 다음과 같이 정리해 보았다.

'지금 이 순간에 누릴 수 있는 것에 집중하라. 내 주변을 둘러보자. 사랑하는 가족이 있다. 가족과 포근하게 지낼 수 있는 집이 있다. 그리고 선물처럼 소중하고 귀한 아이는 아늑한 공간에서 낮잠을 자고 있다. 아이가 행복하고 건강하게 클 수 있도록 지켜주는 것이 내 역할이다. 그리고 나를 잃지 않는 것이 중요하다. 가족을 돌보고 나를 돌보는 일에 충실해야지. 그래서 지금 나는 나 자신을 위해 책을 읽고 글을 쓴다. 이 순간에 감사하다.'

이렇게 생각 정리를 하고 나면, 마음속 저 깊은 곳에 꼭꼭 숨겨둔 나 자신과 대화를 나눈 느낌이 들었다. 또한 영어 원서를 읽고 글을 옮겨 쓰는 건, 문장 구조를 하나씩 잘게 뜯어서 내 머릿속에 박아두는 것 같았다. 그냥 글자만 베끼는 것이 아니라 문장 구조를 눈으로 익히고 손으로 따라 써보면서 다양한 영어 표현을 익힐 수 있었다. 영어 원서에서 배운 표현을 활용해 생각을 정리한 적도 있다. 생텍쥐페리의 《어린 왕자 The Little Prince》를 읽고 필사 한 부분을 소개한다.

Grown-ups like numbers. When you tell them about a new friend, they never ask questions about when really matters. They never ask: "What does his voice sound like?", "What games does he like best?", "Does he collect butterflies?" They ask : "How old is he?", "How many brothers does he have?", "How much does he weigh?", "How much money does his father make?" Only then do they think they know him.

어른들은 숫자를 좋아한다. 어른들은 새로 사귄 친구 이야기를 할 때 본질에 대해 질문하는 법이 결코 없다. 어른들은 절대로 이런 질문을 하지 않는다. "그 아이의 목소리는 어때?", "어떤 놀이를 좋아하지?", "그 아이는 나비를 수집하니?" 어른들은 대신 이렇게 묻는다. "그 아이는 몇 살이야?", "형제가 몇 명이니?", "몸무게는?", "아버지의 수입은 얼마나 되지?" 어른들은 이런 질문으로 그 아이를 알 수 있다고 믿는다.

다음은 필사를 한 후 내 생각을 영어로 정리해본 것이다. 원래 영어로만 쓰고 한글로는 따로 적지 않지만, 이해를 돕기 위해 한글 뜻도 함께 적었다.

Unavoidably I admit I am kind of the grown-ups mentioned in this book. I usually ask questions like "what he does for a living?", "where he currently lives?" even though those questions are not helpful for me to get to know that person well. Instead, I should have asked like this : "What's your hobby?", "What makes you happy?", "Do you have any dream?" I think I need to focus on the matter itself not its surface.

어쩔 수 없이 내가 이 책 속에 언급된 어른들 중 1명이란 걸 인정한다. 보통 나는 이렇게 질문을 하는 편이다. "그 사람은 뭐 하는 사람이야?", "어디에 살아?" 이런 질문이 누군가를 알아가는 데 큰 도움이 안 되는 건 알지만 말이다. 대신 이렇게 묻는 편이 나았을 것이다. "취미가 뭐야?", "뭘 할 때 행복해?", "꿈이 있니?" 나는 내가 상대방의 겉모습이 아니라 그 사람의 본질에 집중해야 한다고 생각한다.

 누군가 내게 영어 원서 필사가 무엇이냐 묻는다면 '힐링'과 '영어 공부'라는 2마리 토끼를 잡을 수 있는 취미라고 대답할 것이다. 책에서 소중한 문장을 옮겨 적으면서 내 마음을 이해하고 나 자신과 대화를 나눌 수 있다. 또 영어 문장을 하나하나 뜯어서 어휘를 바꾸어보면 나만의 문장이 완성된다.
 마음이 공허해 무언가를 배우고 싶은데 뭘 해야 할지 모르겠다면, 나는 책을 읽고 필사하는 것을 추천한다. 더욱이 영어 필사는 아무나 할 수 있고, 언제 어디서나 쉽게 할 수 있는 '힐링' 취미이자 영어 공부가 될 것이다. 영어 공부에 관심이 있다면 영어 원서 필사를, 그렇지 않다면 한글 필사를 하면 된다.

영어 원서 필사, 완벽 파헤치기

필사로 마음을 치유하다

　디지털 시대에 아날로그 손맛을 느끼려는 사람들이 점점 늘고 있다. 여기서 말하는 손맛이란 필사다. 온·오프라인에서 이루어지는 필사 모임도 쉽게 볼 수 있다. 여러 출판사에서 출간하는 필사 책도 꽤 많다. 책에 시나 소설 등의 본문과 함께 필사할 수 있는 여백을 함께 넣어 만든 것이다.

　필사를 하면 마음이 차분해진다. 복잡한 현실에서 잠시 비켜나 자신만의 공간에서 조용히 문장을 하나씩 옮겨 적다 보면 어느새 평정심이 찾아온다. 마음의 짐도 내려놓을 수 있다. 이 과정을 거치며 스스로 치유하는 법을 깨닫는다. 정신건강 전문의들도 필사가 '치유'에 탁월한 효과가 있다고 입을 모아 말한다. 마리아 토마스는 자신의 저서 《더 북 오브 젠탱글 The Book of Zentangle》에서 이렇게 이야기한다.(젠탱글이란 선이 서로 얽혀 이뤄진 모양으로 패턴을 그리는 낙서를 말한다.)

"단순하고 반복적인 문양으로 이루어진 그림은 누구든지 쉽게 그릴 수 있고, 깊은 생각과 몰입을 유도한다."

그의 말처럼 단순하게 글자를 쓰거나 그림을 그리다 보면 흐트러진 마음이 집중된다. 앞에서 언급한 것처럼 나 또한 책 한쪽에 글자를 끄적이며 마음이 가벼워진 경험을 한 적이 있다. 필사는 손으로 하는 명상이자 힐링이다. 그렇다면 영어 원서 필사는 무엇일까? 그건 바로 마음 치유도 하고 영어 공부도 할 수 있는 '꿩 먹고 알 먹는' 취미다.

어떤 책을 하루에 얼마나 필사할까?

필사 종류에는 전체 필사와 부분 필사가 있다. 전체 필사란

책 한 권을 통째로 필사하는 것을 말한다. 부분 필사는 자신이 필사하고 싶은 부분만 베껴 쓰는 것이다. 어떤 방식을 택하느냐는 필사를 하는 목적에 따라 다를 수 있다. 만약 자신이 좋아하는 작품을 완벽히 소화하고 싶을 때는 전체 필사를 한다. 그게 아니라면 부분 필사를 하는 것이 좋다. 그 이유는 간단하다. 필사는 책을 눈으로 읽을 때보다 몇 배는 더 많은 시간과 에너지를 요구한다. 따라서 책 전체보다는 자신이 감동한 부분에 적정 시간을 할애하여 필사하는 것이 훨씬 효율적이고 기억에도 오래 남는다.

그럼 도대체 어떤 책을 필사하면 좋을까?《책은 도끼다》를 쓴 박웅현 작가는 독자가 책에 관하여 주체적인 해석을 가지는 것이 중요하다고 말했다. 특히 '○○ 권장도서'라는 타이틀에 속지 말라고 강조한다. 아무리 선정도서라고 해도 모두 내게 좋은 책이 될 수는 없다. 어떤 책을 읽든 자기 자신에게 의미가 있으면 그 책은 좋은 책이다. 내 마음에 끌리고 감동으로 다가와서 밑줄을 치게 만드는 책, 당신이 지금 끌려서 읽는 그 책이 바로 필사를 해야 하는 책이다.

영어 원서를 필사할 때는 여기서 한 가지 더 고려해야 할 점이 있다. 바로 '자기 영어 실력에 맞는 원서'를 골라서 읽고 필사하는 것이다. 아무리 고전 원서를 필사하는 게 좋다고 해도 어떤 사람에겐 어렵기만 할 것이다. 또한 전 세계 독자들에게 사랑받은 작품이라 해도 어떤 독자에겐 아무런 감흥을 주지 못할 수도 있다. 그러니 자기 취향과 영어 실력에 맞는 책을 고르자.

필사는 하루에 얼마나 해야 할까? 나는 보통 시간을 정하고 필사를 한다. 최대 시간은 약 15분이다. 이 시간은 원서 한 페이지를 필사하면 걸리는 시간이다. 하루에 딱 한 페이지가 최대 분량이다.

필사하다 보면 손에 힘이 많이 들어간다. 필사를 시작한 지 15분쯤 지나면 팔이 아프다. 그러면 나는 펜을 놓는다. 잠깐 쉬었다가 다시 펜을 들어본 적도 있지만, 처음 필사했던 15분만큼 강한 집중력은 생기지 않았다. 그래서 나는 '하루에 딱 15분'이라는 시간을 정해두었다.

사람마다 필사하는 속도나, 글을 쓰고 싶은 분량은 다르다. 그래서 무조건 15분만 필사하는 게 정답이라고 할 수는 없다. 나에겐 경험을 보아 15분이 가장 적당했다.

단, 처음 필사를 시작하거나 책 읽는 습관이 잡히지 않은 독자라면 절대 무리하지 말고 하루에 5분 필사부터 시작하길 권한다. 많은 사람이 필사가 좋다는 이야기만 듣고 무작정 시작했다가 3일을 못 넘기는 사례를 많이 보았다. 필사도 습관이다. 습관을 만들려면 처음부터 크게 시작하면 안 된다. 무조건 작고 쉬운 것으로 시작해야 한다. 그러니 더도 말고 덜도 말고 하루에 '딱 5분만 필사'하는 것을 목표로 잡기를 바란다.

필기구와 노트만 있으면 절반 완성

1. 필사 준비물

• 필기구

독일 철학자 발터 벤야민은 필기구에 쓰는 돈을 아끼지 말라고 한다. 마음에 드는 필기구가 있으면 자꾸 글을 쓰고 싶어지기 때문이다. 내게도 여러 가지 필기구가 있다. 그중에 유난히 글씨가 슥슥 잘 써지는 펜이 있다. 만년필과 지워지는 잉크 펜이다. 필사할 때마다 두 가지 펜을 번갈아 가며 쓴다.

나는 학창 시절에도 글씨가 예쁘게 잘 써지는 볼펜으로 공책 정리를 했다. 펜을 잡은 느낌과 노트 위로 잉크가 그려지는 느낌이 좋아서 아무리 팔이 아파도 수업 내내 필기를 했던 기억이 있다. 만년필, 잉크펜, 볼펜, 무엇이든 상관없다. 이왕이면 가볍고 내 손에 딱 맞는 필기구를 준비하자.

• 필사 노트

노트에는 수많은 종류가 있다. 노트를 고를 때 나는 크기를 가장 먼저 고려한다. A4 크기와 B5 크기 두 가지 종류를 다 써 보았는데, 개인적으로 B5가 가장 적당했다. A4 크기 노트에 필사하고 나면 한 페이지에 생각보다 많은 공간이 남아돌곤 했다. 그 공간을 제대로 활용하지 못해서 아쉬웠지만, B5는 필사하고 남는 공간이 많지 않아서 외관상으로도 보기가 괜찮았다. 물론 어떤 사람은 여백을 많이 두는 것을 선호하기도 한다. 나중에 떠오른 생각을 덧붙일 때 편리하기 때문이다.

또 노트 속지에 따라 필사하는 느낌이 다르다. 줄이 그어진 노트에 필사하면, 정해진 크기로만 글씨를 쓸 수 있어서 깔끔하고 정갈한 필사가 가능하다. 반면에 무지 노트는 자유롭게 글씨 크기를 조절할 수 있고, 스케치북에 그림을 그려 넣듯이 다른 색상으로 알록달록 꾸밀 수 있다. 어떤 노트를 선택하느냐는 개인 취향이므로 '글씨를 쓰고 싶게 만드는 노트'를 고르면 되겠다.

2. 필사하는 방법

 필사하는 방법을 알아보자. 먼저 영어 원서와 번역서를 함께 필사할 경우 하루에 노트 두 페이지를 쓴다고 생각하면 된다. 노트를 펼쳐 양쪽 페이지를 모두 사용하는데, 왼쪽에는 영어 필사를 하고 오른쪽에는 한글 필사를 한다. 필사한 문단 아래에는 내 생각을 적어본다. 마지막 줄에는 날짜를 기록한다.

 영어 원서만 필사한다면 하루에 한 페이지씩 사용한다. 필사를 먼저 하고 나서 아래에 생각을 정리한다. 노트를 반으로 접어서 위쪽에는 필사 본문을, 오른쪽에는 느낀 점과 생각을 적어두는 방법도 있다.

필사 실천 가이드 3단계

1단계 : 하루 한 문장 필사

필사를 하며 영어 문장에 익숙해지는 것을 목적으로 한다. 처음에는 한 문장으로 시작해보고, 익숙해지면 점차 문장 개수를 늘린다.

준비물
쉬운 영어 원서 한 권(영어 그림책, 리더스북 등), 볼펜, 필사 노트

방법
① 5분 동안 영어 원서를 읽고('영어 원서 읽기 실천 가이드 1단계' 126페이지 참고), 형광펜으로 표시해 둔 영어 문장을 노트에 필사한다.
② 필사한 문장 아래에는 몰랐던 단어와 뜻을 정리한다.
③ 영어 문장 아래나 옆에 한국어로 해석해 적는다. 번역서 필사를 같이하는 경우는 생략한다.
④ 마지막으로 필사한 문장을 소리 내어 읽고 외워본다.

알아두기
필사할 때는 단어 하나하나 천천히 음미하듯 쓰자.

2단계 : 하루 세 문장 필사

하루에 15분 정도 시간을 내어 영어 원서를 읽고 그중 문장 3개를 골라 필사한다. 영어 문장 구조를 익히고 핵심 표현 위주로 문장을 외워보자.

준비물
어린이 소설 또는 챕터북 한 권, 볼펜, 필사 노트

방법

① 15분 영어 원서 읽기(영어 원서 읽기 실천 가이드 2단계 127페이지 참고)가 끝나면 노트에 영어 문장 3개를 필사한다.
② 아래에는 몰랐던 단어와 뜻, 그리고 그 단어가 쓰인 문장을 통째로 옮겨 적는다.
③ 필사한 문장을 한국어로 해석해 적는다. 번역서 필사를 같이하는 경우는 생략한다.
④ 마지막으로 필사한 문장을 소리 내어 읽고 외워본다.

알아두기

문장 3개를 통째로 외우기가 어려울 수 있다. 그럴 땐 핵심 표현을 먼저 외우자. 영어 문장 구조에 익숙해질수록 외우는 속도도 빨라진다. 처음부터 완벽하게 외워지지 않는다고 걱정하지 말자.

문장을 쉽게 외우는 방법을 예시로 들어보겠다. 다음 문장을 외운다고 가정하면, 다음과 같이 문장 구조를 나눠서 한 덩어리씩 외우는 것이다.

"I know I can't change the way I look."

　　change the way
　　⋯▸ change the way I look
　　⋯▸ I can't change the way I look
　　⋯▸ I know I can't change the way I look

3단계 : 한 문단 필사

자신이 읽고 싶은 원서를 골라 읽고, 한 문단씩 필사한다. 영어 문장 구조뿐만 아니라 문장과 문장이 어떻게 연결되는지, 글의 흐름이 어떻게 흘러가는지 살핀다.

준비물
어린이 소설 또는 일반 단행본 한 권, 볼펜, 필사 노트

방법
① 20분 이상 영어 원서 읽기(영어 원서 읽기 실천 가이드 3단계 127페이지 참고)가 끝나면 노트 종이를 반으로 접는다. 왼쪽에는 영어 문단 하나를 필사하고 오른쪽에는 단어와 뜻, 단어가 쓰인 문장을 통째로 옮겨 적는다.
② 번역서를 함께 필사하는 경우 노트의 양쪽 페이지를 활용한다. 왼쪽 페이지는 영어 원서를, 오른쪽 페이지에는 번역서를 필사한다.
③ 필사한 문장을 소리 내어 읽어보고 최소 세 문장 이상 외운다.

알아두기
① 마음에 드는 문단이 없을 땐, 마음에 드는 영어 문장을 여러 개 골라서 필사하면 된다.
② 여전히 문장 외우기가 어렵다면 여러 번 낭독해본 후 핵심 패턴 위주로 외우자.

    필사할 때 아무 생각 없이 글자만 베껴 쓰는 행동을 가장 주의해야 한다. 책을 정독하듯이 내 마음에 드는 문장을 하나하나 음미하면서 꾹꾹 눌러써야 한다. 내가 쓰고 있는 영어 문장이 어떤 구조를 이루는지, 무슨 어휘가 쓰였는지 자세히 오래 관찰해야 한다. 그래야만 영어 문장 뼈대를 익힐 수 있고, 어휘만 바꿔서 새로운 영어 문장을 만들 수 있다.
    '빨리 써서 끝내야지.'라는 생각은 피하자. 얼른 필사를 끝내려고 하면 어느샌가 필사는 '힐링'이 아니라 또 다른 '업무'나 '과제'와 같은 스트레스로 다가온다. 영어 문장 구조도 눈에 들어오지 않으므로 결국 시간과 에너지 낭비밖에 되지 않는다. 그러니 부디 글자 하나하나에 집중하여 쓰길 바란다.

필사는 누구나 할 수 있다. 언제 어디서나 쉽게 할 수 있는 취미이다. 필사를 잘하고 못하고를 나누는 기준은 없다. 그러니 부담 갖지 않아도 된다. 가장 자유롭고 즐겁게 영어 공부하는 방법을 찾고 있다면 영어 원서를 읽고 마음에 드는 문장을 필사하며 외우는 것이 정답일 것이다.

예시

다음은 내가 직접 원서와 번역서를 함께 필사했던 노트 사진이다. 노트 양쪽 페이지를 활용해 왼쪽에는 영어 원서를, 오른쪽에는 번역서를 필사했다.

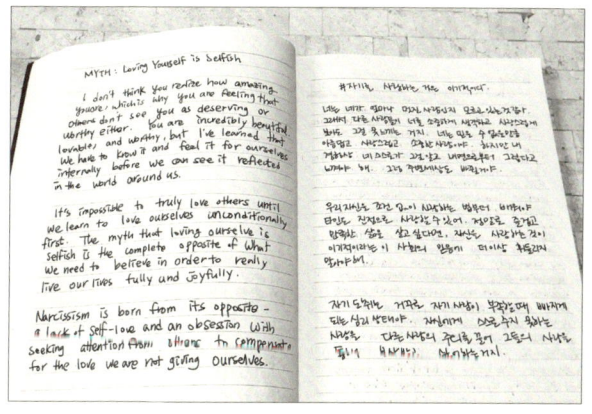

영어 글쓰기
실력을 키우는 방법

필사하기 응용편 : 영작하기

필사는 꼭 영어 소설, 자기계발서와 같은 단행본만 가지고 하는 것이 아니다. 신문, 잡지, TED 강연 대본, 영화 대본 등 다양한 자료를 활용할 수 있다. 이번 장에서는 내가 필사했던 좋은 글을 활용하여 영어 글쓰기를 연습하는 방법을 소개한다. 실제로 영어회화와 영어 작문 실력을 동시에 키운 연습 방법이다. 영어 원서 읽기와 필사를 각각 3단계까지(실천 가이드 기준) 마치거나 어느 정도 익숙해진 학습자에게 권한다.

1. 필사하며 익힌 표현을 활용해 문장을 만들자

다음은 리차드 바커의 《갈매기의 꿈 Jonathan Livingston Seagull》에 나온 글이다.

<u>Freedom is the very nature of his being, that whatever stands against that freedom must be set aside.</u>
자유는 존재의 본성이다. 그 자유를 막아서는 것은 무엇이든 무시해야 한다.

이 부분을 노트에 필사한다고 가정해보면 쓰는 방법은 아래와 같다.

💡 **쓰는 방법**

① 펜과 노트를 준비한다.
② 문장을 하나씩 꼭꼭 씹어 먹는다는 느낌으로 문장을 필사한다.
③ '막아서다'를 'stand against'로 나타낼 수 있다는 것을 확인할 수 있다.

④ 이 표현을 활용해서 새로운 문장을 만든다.
"What should I do if I found what stands against my freedom?"
⑤ 'stand against'를 넣어서 질문을 만들고, 가능하면 질문에 대한 답도 영어로 작성한다.

2. 노트에 정리해 둔 새로운 어휘를 활용해 글을 쓴다

영어 원서를 읽다가 모르는 단어가 있으면 단어장을 만들거나 필사 노트 한쪽에 단어를 정리한다. 처음에 나는 필사 노트에 새로 익힌 어휘를 정리해두었지만, 시간이 지나면서 따로 단어장을 만들었다. 그리고 단어장에 있는 'embrace 포용하다'와 'unveil 발표하다'라는 어휘를 이용해 문장을 만든 적이 있다.

Meditation is a part of the popular culture which is now fully embraced by people in the world.
명상은 전 세계 사람들이 인정하는 문화라고 할 수 있다.

Samsung unveiled its plan to work with one of the world's leading IT corporation.
삼성은 세계적인 IT 그룹 중 한 곳과 협력할 것이라는 계획을 발표했다.

두 문장은 서로 연관성이 전혀 없다. 그뿐만 아니라 두 번째 문장은 사실에 근거한 내용도 아니다. 그저 단어를 써먹기 위해 내가 만든 문장일 뿐이다. 나만의 문장을 만들어 일기를 쓸 때는 사실인지 아닌지 따질 필요 없다. 행여 말이 안 되는 내용이라도 괜찮다. 쓰고 싶은 대로 쓰면 된다.

3. 영화나 책을 본 후 감상평을 써본다

나는 영화나 책, 드라마 등을 본 후에 그 작품이 어떤 장르인지, 왜 인상 깊었는지 간략하게 써본다. 다음은 김영하 작가의 소설 《검은 꽃 Black Flower》의 영어번역서를 읽고 쓴 감상평이다. 원래 영어로만 적지만, 여기에서는 이해를 돕기 위해 한글 뜻도 함께 적는다.

I've recently read 'Black flower' written by KIM Young Ha. The story of 'Black flower' was about Korean history and telling the Korean people who moved to Mexico 120 years ago. As I am really interested in history, I was fascinated by the story.

나는 최근에 김영하가 쓴 《검은 꽃》을 읽었다. 《검은 꽃》은 한국 역사를 다룬 책이다. 120년 전에 멕시코로 이주했던 한국인들 이야기다. 나는 역사에 정말 관심이 많기 때문에, 이 이야기에 끌렸다.

가능하다면 내용 줄거리를 요약해보자. 다양한 사건과 인물을 묘사하면서 다양한 영어 시제와 영문법을 익힐 수 있기 때문이다. 모르는 어휘나 문법은 찾아서 쓰면 된다. 호기심을 갖고 공부를 하는 것이기에 재미가 있고 기억에도 오래 남는다. 감상평이라고 해서 장황하게 쓸 필요는 없다. 처음에는 단 한 문장이라도 써보는 것부터 시작하자. 한 문장, 두 문장 차근차근 영어 감상평을 써나가는 자기 모습을 발견할 것이다.

영어 글쓰기, 이것만은 꼭 알아두자

"문법적으로 실수를 한 부분이 있으면 어떡하죠?"

"문법에 어긋나거나 문맥에 맞지 않는 어휘를 썼으면 어떡하나요?"

영어로 글을 쓰라고 하면 많은 사람이 이렇게 묻는다. 자신이 쓴 글이 얼마나 정확한지에 민감하다. 물론 정확히 쓰는 것도 중요한 부분이다. 하지만 처음 영어에 관심 갖거나 이제 막 영어 일기를 쓰기 시작한 분들이라면 매번 문법이 정확한지 알아보기 위해 첨삭을 받는 것은 추천하지 않는다. '나, 이만큼이나 틀렸어.'라는 생각이 들 수 있기 때문이다. 이 단계에서는 자신감이 매우 중요하다. 따라서 얼마나 틀렸는지 신경 쓸 게 아니라 '나, 이만큼이나 영어로 글을 썼어.'라는 생각으로 자기 사신을 칭찬해주는 게 꼭 필요하다.

어느 정도 영어 글쓰기에 익숙해지고, 자신감도 충분히 얻은 사람이라면 문법이 맞는지 틀린지 첨삭을 받는 것이 도움된다. 원어민 친구가 있거나 어학원에 다닌다면 직접 첨삭을 부탁하는 것이 가장 좋은 방법이다. 만약 그럴 여유가 안 된다면 MS워드의 '문법 체크' 기능을 이용한다. 이 기능은 명사를 지칭하는 대명사의 단수, 복수 형태를 정확히 고쳐준다. 이 밖에 에디켓(ediket.com) 같은 유료 원어민 교정 사이트를 이용할 수 있다.

영어로 글을 잘 쓰려면 어휘나 영문법을 얼마나 알고 있느냐도 중요하지만, 내가 말하고자 하는 바가 잘 드러나도록 맥락이 자연스럽게 글을 써 내려가는 것도 중요하다. 내게 영어 일기 쓰기는 영작과 회화뿐만 아니라 논리에 맞게 글을 쓰는 연습을 하는 데 큰 도움을 주었다. 영어 원서 읽기처럼 영어 일기 쓰기에도 이래라저래라 같은 규칙은 없다. 내가 규칙을 만들면 된다. 그 어떤 것이 주제가 되어도 상관없다. 내용이 거창할 필요도 없다. 분량이 짧아도 괜찮다. 한두 문장이라도 영어로 쓴다는 것에 의미를 두자. 펜과 노트 한 권만 있으면 할 수 있다.

귀와 입이 트이는 오디오북 활용법

듣기와 말하기 실력을 키우는 '쉐도잉'

아이는 9개월쯤부터 몇 가지 단어를 알아듣기 시작했다. 그리고 돌이 지나면서 쉬운 단어부터 입 밖으로 내뱉기 시작했다. 기저귀, 맘마, 물, 밥, 엄마, 아빠 등이었다. 단어를 말하기 시작한 후로는 단어와 단어를 합쳐서 새로운 의미를 만들어냈다. '엄마 빠빵(엄마 차)', '아빠 바지', '할머니 가방', '아가 밥'과 같은 것들이었다. 나는 아이의 성장 과정을 지켜보면서 깨달은 사실이 한 가지 있다. 아이는 어른들이 하는 말을 들리는 대로 모조리 흡수해버린다는 것을. 문법 구조를 분석하지 않은 채 언어를 통째로 받아들인다는 것이다.

그러나 이미 성인이 된 나는 아이와 정반대로 영어를 익혔다. 영어 공부를 시작한 지 얼마 되지 않았을 때였다. 나는 귀에만 의존해서 영어를 듣고 의미를 이해하는 게 무척 어려웠다. 특히 미국 드라마나 영화를 보면서 대사를 바로바로 알아듣는 건 거의 불가능했다. 내 나름대로 문법적인 분석을 거쳐서 문장 구조를 파악하는 과정이 필요했다. 눈으로 영어 문장을 보아야만 뜻이 이해되고, 그제야 그 의미가 머릿속으로 그려졌다.

물론 성인 학습자 중에도 어린아이처럼 언어를 흡수하는 사람이 있다. 하지만 많은 사람이 나와 같은 경험을 한다. 이미 모국어가 익숙한 성인 대부분은 외국어를 처음 배울 때 머릿속에서 필터 과정을 한 번 거친다. 내가 말하는 필터란, 어떤 영어 문장을 들었을 때 모국어로 뜻을 이해하고 내가 하고 싶은 말을 영어로 다시 번역해 말하는 과정이다. 영어 실력이 향상된다는 것은 필터 과정을 줄인다는 뜻이다.

모국어로 변환해 생각하는 과정을 줄이려면 어떻게 해야 좋을까? 당연히 영어를 많이 듣고 많이 말해보기가 필요하다. 듣기와 말하기 훈련에는 대표적으로 '쉐도잉'이라는 학습법이 있다. 쉐도잉 학습법이란, 원어민이 하는 말을 그림자처럼 바짝 쫓아가서 똑같이 말하는 방법을 뜻한다. 즉, 내 귀에 영어가 들리는 순간 동시에 내 입에서 그 단어가 정확히 나오게 하는 것이다. 이는 내가 취업을 위해 영어 공부할 때 많이 시도한 방법이다.

그 당시 초급 실력이었던 나는 영어로 말을 하는 것 자체가 익숙하지 않은 상태였다. 아무리 쉬운 문장이라도 발음이 꼬이거나 버벅거리기 일쑤였다. 그래서 처음부터 많은 양을 공부하려고 하지 않았다. '하루에 딱 1분만 듣고 완벽하게 따라 말하자.'라는 생각으로 쉐도잉 학습을 시작했다.

💡 쉐도잉 방법

내가 애니메이션 〈슈렉 Shreck〉으로 했던 쉐도잉 방법을 소개한다.

① 가장 먼저 〈슈렉 Shreck〉의 영어 대본을 구한다.
② 대사를 출력한 후에 그날 학습할 부분을 미리 읽어본다.

> **TIP** 모르는 단어나 관용구가 있으면 아무리 반복해서 그 문장을 들어도 끝까지 알아들을 수 없다. 그러므로 쉐도잉 학습할 부분의 의미가 무엇인지 먼

저 파악해야 한다.

③ 화면에 영어 자막을 띄우고 약 1분간 재생하면서 단어 발음, 연음, 억양을 확인하며 듣는다.

TIP 눈은 대본을, 귀는 대사에 집중하여 3~5번 이상 반복해서 듣는다.

④ 반복 시청 후, 영상을 틀지 않은 채 대사를 낭독해본다. 문장 말하기가 익숙해질 때까지 반복해서 소리 내어 읽는다.

⑤ 영상을 다시 틀고 주인공과 동시에 대사를 말하는 연습을 한다. 영어 자막을 띄워 반복해서 말하다 보면 대사를 외울 수 있다.

⑥ 처음 쉐도잉 콘텐츠 재생 시간은 1분 정도만 하되, 익숙해지면 분량을 점점 늘려나간다.

로알드 달의 《마틸다 Matilda》에 나온 한 문장을 소개하겠다. 주인공인 마틸다가 책을 읽을 때 항상 따뜻한 음료를 방에 가져가서 옆에 두는 게 정말 좋았다는 내용이다.

It was pleasant to take a hot drink up to her room and have it beside her.

보통 초급 학습자들은 위 문장을 보면 다음과 같은 방식으로 하나하나 순서대로 적절한 한국어로 번역해서 뜻을 이해한다.

It was pleasant → 기뻤다
to take a hot drink → 따뜻한 음료를 가지고 가는 것
up to her room → 그녀의 방으로
and have it beside her → 그녀의 옆에 두는 것

하지만 쉐도잉 훈련과 앞으로 소개할 오디오북을 잘 활용하면 한국어 단어 자체를 떠올리지 않고 바로 머릿속에 장면을 바로 떠올릴 수 있다. 마틸다가 행복한 표정으로 그녀의 방에서 따뜻한 음료를 마시며 책을 읽는 모습을 말이다. 사람들은 이런 단계를 '영어를 영어로 받아들인다'고 표현하기도 한다. 즉 영어 원서로 '읽고, 듣고, 쓰고, 말하기' 네 가지 훈련을 하다 보면 어느새 영어를 흡수한 자기 모습을 발견할 것이다.

아이를 키우는 엄마라면 한 가지 더 큰 장점을 얻을 수 있다. 바로 아이의 영어 귀가 트인다는 것이다. 영어 원서 낭독은 틈새 시간을 이용하거나 잠깐 짬이 났을 때 얼마든지 실천할 수 있는

공부법이기 때문에 아이와 함께하는 시간에 책을 소리 내어 읽을 때가 많다. 아이는 자연스레 엄마가 영어책을 읽는 소리에 귀를 기울인다. 그 소리를 배경 삼아 낮잠을 잘 수도, 혼자서 잘 놀 수도, 책을 볼 수도 있다. 엄마가 영어 공부를 하는데, 덤으로 아이의 영어 귀까지 트인다면 일석이조 아닌가.

세계 부호이자 고고학자인 하인리히 슐리만은 그의 자서전에서 외국어 15개에 통달했던 비결을 공개했다. 그의 노하우는 바로 책을 수십 번 낭독해서 문장을 통째로 외우는 방식이었다. 처음에는 책을 소리 내어 읽고 외우는 게 힘들었지만, 이 공부법이 점점 익숙해지면서 외우는 시간이 단축되며 기억력이 강해지는 것을 경험했다고 한다.

그가 말한 것처럼 날마다 영어책을 낭독하면 책을 통째로 외우는 수준까지 이른다. 물론 원서를 읽는다고 해서 그 책을 몽땅 다 외울 필요는 없지만, 자신이 꼭 외우고 싶은 표현은 따로 줄을 쳐놓고 필사를 한 다음 소리 내어 읽어보면 외우는 시간은 짧아지고 기억력은 강해질 것이다.

오디오북 200% 활용하는 방법

　영어 원서를 읽기 시작한 후로 영어 원서 오디오북을 이용해 쉐도잉을 많이 하는 편이다. 오디오북으로 쉐도잉하는 방법은 위에서 언급한 공부법과 비슷하다. 단지 공부 도구가 영화에서 영어 원서로 바뀐 것뿐이다. 영어 원서로 공부하니 대본을 따로 구하지 않아도 되기에 훨씬 편하다. 나는 주로 영어 원서를 읽고 필사한 다음, 마지막에 오디오북을 활용한다. 이미 책 내용을 파악한 후라 훨씬 잘 들린다. 또한 내 목소리로 영어 문장을 들으면 머릿속에 더 오래 남는다.

　그렇다면 초급 학습자나 영어 원서를 처음 읽는 사람들은 어떤 방식으로 듣기와 말하기 훈련을 하면 좋을까? 앞서 말한 쉐도잉 공부법과 크게 다른 점은 없다. 다만 분량과 난이도 조절이 중요하다. 우선 자기 영어 수준에 맞는 영어 원서를 준비해야 한다. 그다음으로는 오디오 파일을 구해야 하는데, 초급 학습자라면 챕터북이나 교육용 영어책(110페이지 참고) 중에 낮은 단계를 읽는다. 이런 책들은 구매할 때 오디오 파일이 함께 제공된다. 하지만 일반 단행본은 대개 파일을 직접 구해야 한다.

나는 주로 '오더블(Audible)'이라는 어플을 이용한다. 오더블은 아마존에서 제공하는 오디오북 서비스로 회원 가입 후 유료로 이용할 수 있다. 스마트폰 어플로 듣는다면 자투리 시간이나 이동 시간을 활용해 들을 수 있다는 장점이 있다. 간혹 유튜브에 책 제목을 쳐보기도 하는데, 오디오 파일을 구할 수 있는 책도 있다. 오디오 파일까지 구했다면 이제 듣기와 낭독하기 훈련 방법을 알아보자.

오디오북 활용 가이드 3단계

1단계: 원문을 보며 동시에 오디오 파일 듣기

처음에는 낭독을 하기 전에 오디오 파일을 들으며 영어 소리와 발음에 익숙해지는 것이 중요하다. 이를 위해 원문을 보며 문장 속에서 연음은 어떻게 들리고 단어들 각각은 어떻게 발음되는지 정확히 익혀야 한다. 이 단계에서는 오디오 파일 듣기와 낭독을 동시에 하려고 무리하지 말고, 따로 연습하자.

준비물
최근 읽고 있는 영어 원서, 오디오 파일

방법
① 자신이 읽은 분량만큼 원문을 보면서 동시에 오디오 파일을 듣는다.
② 발음하기 어려운 단어나 표현이 있으면 사전을 찾아 발음을 정확히 익힌다.
③ 원문을 보며 동시에 오디오 파일 듣기를 몇 번 반복한다. 문장 리듬에 신경 써서 듣는다.
④ 이번에는 원문을 보지 않고 그냥 들어본다.
⑤ 오디오 파일을 듣지 않고 스스로 책을 낭독한다.

알아두기
① 많이 들으면 들을수록 좋으므로 아이와 함께 있거나 이동할 때도 오디오 파일을 듣는다.
② 낭독할 때는 발음, 억양 등을 최대한 따라 말한다고 생각한다.
③ 시간이 날 때마다 단 한 문장이라도 좋으니 반복해서 읽고, 가능하면 외운다.

2단계: 오디오 파일과 같은 속도로 말하기

오디오 파일을 들으며 소리와 발음에 익숙해졌다면 이제 오디오 파일과 같은 속도로 말하는 것을 연습한다. 시간 나는 대로 오디오 파일을 자주 들으면서 따라 말하고, 더 나아가 동시에 말해보자. 아이와 함께 있든 어디를 가든 자주 듣고 따라 하면 어느새 귀가 뚫린 나를 발견할 수 있을 것이다. 2단계의 목표는 초급 영어 문장을 말하는 데 익숙해지는 것이다.

준비물
최근 읽고 있는 영어 원서, 오디오 파일

방법
① 자신이 읽은 분량만큼 원문을 보면서 동시에 오디오 파일을 듣는다.
② 발음하기 어려운 단어나 표현이 있으면 사전을 찾아 발음을 정확히 익힌다.
③ 원문을 보며 동시에 오디오 파일을 듣되, 이번에는 오디오 파일과 같은 속도로 낭독한다.
④ 오디오 파일을 듣지 않고 스스로 책을 낭독한다.
⑤ 수시로 낭독 연습을 하면서 필사한 문장 위주로 암송한다.

알아두기
① 원문을 보면서 오디오 파일을 재생하며 동시에 낭독하는 훈련이 처음에는 어렵게 느껴진다. 하지만 시간이 지나면 점점 영어 발음과 억양이 자연스러워진다.
② 오디오 파일을 최대한 흉내 낸다고 생각하고 따라 말해본다.
③ 많이 들으면 들을수록 좋으므로 아이와 함께 있거나 이동할 때 오디오 파일을 듣는다.

3단계: 낭독하는 것을 녹음해서 들어보기

오디오 파일을 자주 듣고 따라 했다면 같은 속도로 낭독하는 게 쉬워졌을 것이다. 이제 자신이 낭독하는 것을 녹음해 들어보자. 자신이 어떻게 발음하고 발성하는지 들으면서 문장을 외우자. 그러다 보면 영어로 말하기에 익숙해질 수 있다. 말하기 연습을 계속하여, 한 주제를 짧게라도 영어로 말하는 것이 3단계의 목적이다.

준비물
최근 읽고 있는 영어 원서, 오디오 파일, 녹음기

방법
① 자신이 읽은 분량만큼 원문을 보면서 오디오 파일을 동시에 듣는다.
② 발음하기 어려운 단어나 표현이 있으면 반복해서 연습한다.
③ 원문을 보며 동시에 오디오 파일을 듣되, 이번에는 오디오 파일과 같은 속도로 낭독한다.
④ 오디오 파일을 듣지 않고 스스로 책을 낭독한다.
⑤ 낭독하는 것을 녹음해본다.
⑥ 녹음한 것을 수시로 들으면서 문장을 외워본다.

알아두기
① 자신이 낭독하는 것을 녹음하면 자신의 발음을 객관적으로 들어볼 수 있다. 영어로 말을 할 때 고쳐야 할 습관이나 발음이 있는지 확인하기에 가장 좋다. 말하는 순간에는 모를 수 있는 부분을 스스로 들어보면서 영어 발음과 발성을 교정할 기회다.
② 낭독할 때는 발음, 억양 등을 최대한 따라 말한다고 생각하자.
③ 시간이 날 때마다 자신이 낭독한 녹음 파일을 들으며 문장을 외워도 좋다.

초급 학습자는 영어 문장을 눈으로 보고 충분히 익힌 후에야 듣고 말하기가 수월해진다. 그러므로 처음에는 꼭 원문을 보면서 오디오 파일을 들어야 한다. 순서를 정리하자면, 영어 원서 읽기 → 필사하기 → 오디오 파일 듣기 → 낭독하기가 되겠다.

시간이 지나 익숙해지면 오디오북만 듣거나 스스로 낭독을 해보아도 좋다. 이런 훈련을 반복해서 하다 보면 다음과 같은 효과를 볼 수 있다.

낭독의 효과
- 듣는 동시에 장면을 상상하는 힘이 길러진다.
- 영어로 말하는 것에 거부감이나 두려움이 사라진다.
- 영어 발음, 억양, 리듬을 교정할 수 있다.
- 듣기 실력이 향상된다.
- 어느새 영어 문장이 술술 외워진다.

나는 이 방법으로 원서 읽는 속도가 상당히 빨라졌다는 걸 체감했다. 예전에는 영어 단어를 보면 꼭 한국어 단어를 글자 형태로 머릿속으로 떠올리며 해석했는데, 이제는 그런 단계를 다 건너뛴다. 영어와 한국어 단어를 일대일로 변환하지 않아도, 글을 읽는 순간 단어가 머릿속에서 장면 속 그림으로 바뀐다.

그 외 듣기와 말하기 훈련 자료

꼭 '영어 원서'의 오디오 파일을 듣고 낭독해야만 하는 걸까? 그렇지 않다. 여기서 영어 원서 낭독을 강조한 이유는, 이미 읽고 필사한 내용을 듣고 따라 말하면 처음 보는 영어 문장을 낭독하기보다 더 빨리 쉽게 영어를 습득할 수 있기 때문이다.

하지만 영어 원서가 아닌 다른 자료를 낭독하고 싶다면, 그것도 얼마든지 가능하다. 영어를 낭독하기에 좋은 영어 자료를 소개하겠다.

1. 유아용 영어 DVD 대본

아이를 키우는 부모라면 유아용 영어 애니메이션 DVD 하나쯤은 가지고 있을 것이다. 만약 가지고 있지 않더라도 오디오 파일이나 대본은 유튜브나 인터넷에서 조금만 검색해보면 찾을 수 있다. 유아용 영어 애니메이션은 아이들과 부모 사이에서 일어날 수 있는 상황을 위주로 영어로 보여준다. 따라서 부모들이 대본을 외우고 말하는 연습을 반복한다면, 영어회화 실력을 높이는 데 많은 도움이 될 것이다. 다음은 내가 추천하는 유아용 영어 애니메이션 시리즈이다.

애니메이션 시리즈

〈까이유 Calliou〉, 〈페파피그 Peppapig〉, 〈꼬마버스 타요 The Little Bus TaYo〉, 〈내 친구 아서 Arthur〉, 〈우리는 곰돌이 가족 Berenstain Bears〉, 〈찰리와 롤라 Charlie and Lola〉, 〈토마스와 친구들 Thomas & Friends〉

2. 영화·애니메이션·드라마 대본

좋아하는 영화나 드라마의 대본을 공부하는 것도 좋은 방법이다. 영화 대본과 해석, 오디오 파일을 하나의 교재로 묶어 시중에 판매하는 책도 있다. 넷플릭스에서 자막을 영어로 설정하고 영화나 드라마를 보는 방법도 있다. 다음은 추천하는 영화와 애니메이션, 드라마이다.

영화
〈어바웃타임 About Time〉, 〈비긴 어게인 Begin Again〉, 〈시간여행자의 아내 The Time Traveler's Wife〉, 〈악마는 프라다를 입는다 The Devil Wears Prada〉, 〈비포 선라이즈 Before Sunrise〉, 〈비포 선셋 Before Sunset〉, 〈인턴 The Intern〉, 〈미드나잇 인 파리 Midnight In Paris〉, 〈블라인드 사이드 The Blind Side〉, 〈어거스트 러쉬 August Rush〉

애니메이션
〈슈렉 Shrek〉, 〈인사이드 아웃 Inside Out〉, 〈마이펫의 이중생활 The Secret Life of Pets 〉, 〈라푼젤 Tangled〉, 〈업 Up〉

드라마(시트콤)
〈모던 패밀리 Modern Family〉, 〈내가 그녀를 만났을 때 How I met your mother〉

3. 영자신문

영자신문의 종류는 다양하다. 《CNN》, 《BBC》, 《Korean Times》, 《NewYork Times》, 《Korean Herald》 등이 있다. 하지만 영어 공부를 오랫동안 해온 경우가 아니라면 뉴스 기사에 나오는 어휘나 문법의 난이도는 상당히 어렵게 느껴질 것이다. 그럴 때는 《Teen Times》, 《Kids Times》, 《Junior Times》와 같은 어린이·청소년 신문을 활용해보자. 기사 길이가 길지 않아 가볍게 읽을 수 있다.

Chapter 4

영어 원서 읽기로 다시 찾은 삶의 기쁨

영어 원서에서 얻은 깨달음

남과 비교하는 건 아무런 의미가 없다

어떤 일을 새로 시작할 때 모든 게 쉽게 술술 풀리진 않는다. 영어 원서를 읽는 동안에도 생각지 못한 장애물을 여럿 만났다. 좀처럼 해석이 안 되는 문장을 만났을 때 어떻게 해야 하는지, 어떤 부분을 중점적으로 읽고 내 것으로 만들어야 하는지, 번역서를 어떻게 활용하면 좋을지 등 확신이 없었다. 처음엔 다른 사람들의 방법을 빌려 따라 하거나 전문가의 의견을 참고하기도 했다. 그들의 의견 중 도움이 된 부분도 있었지만, 결론적으로 내게 긍정적인 영향을 준 것은 아니었다. 오히려 '남과 비교하기'라는 부작용이 따랐다.

한번은 어느 블로거가 영어 원서 읽기에 관해 쓴 글을 읽었다. 그는 영어 원서 백 권 읽기 프로젝트를 진행 중이라며 블로그에 읽은 원서를 소개하고 있었다. 얼핏 보아도 그가 읽은 원서의 양은 엄청난 듯했다. 나는 그의 블로그를 보자마자 심장이 쿵 하고 내려앉는 것만 같았다. '저 사람이 저만큼 책을 읽는 동안 나는 뭘 한 걸까? 나는 아직 이만큼이나 멀었어.'라는 생각이 들었다. 나 자신과 그를 비교한 것이다. 그가 '술술 읽어 넘길 수 있는 영어 원서'라고 평가한 책이 내게는 '흐름이 뚝뚝 끊기는 책'이라는 사실을 알았을 때 그 좌절감이란. 한때 영어회화를 가르쳤던 사람으로서, 정말이지 자괴감이 들었다. 아무리 영어 공부를 한동안 쉬었다지만 내가 이렇게 부속해도 뇌는 선시 불안했다. 책에 온전히 집중하기가 힘들었다. 그 뒤로도 마음이 상해서 원서를 제대로 읽지 못하는 날이 늘어났다. 불안과 답답함 속에서 차분히 생각을 정리해보았다.

그 사람과 나는 엄연히 다른 사람이며 영어 원서를 읽는 목적도, 방식도 다른 게 당연하다. 비교하는 건 아무런 의미가 없다.

내 시간과 에너지만 낭비할 뿐이라는 결론을 내렸다. 그리고 결심했다. 내 감을 믿고, 서두르지 않기로.

해답을 밖에서만 찾으려 했던 나는 이제 나 자신에게 답을 묻기로 했다. 그러려면 가장 먼저 영어 원서 읽기로 이루고자 하는 목적을 되새길 필요가 있었다. 내가 영어 원서를 읽는 이유는 영어로 된 책을 읽으며 성장하기 위함이다. 그 성장에는 '영어 실력 향상'도 포함되지만, 더 중요한 것은 '내면의 성장'이다. 책을 읽는 과정에서 미처 몰랐던 나의 새로운 모습을 발견하며 즐거움을 느끼고 싶다. 이 부분을 확실히 하고 나니 막막하기만 했던 영어 원서 읽기를 어떻게 해야 할지 감이 잡혔다.

어려운 책을 만나면 숨 고르기를 해가며 천천히 읽는다. 도저히 넘을 수 없는 벽이라 생각이 들 땐 책을 덮는다. 영어 원서 읽기가 싫어지면 안 되니까. 대신에 술술 읽히는 책들로 독서 시간을 채워나간다. 그리고 시간이 흘러 어느 정도 독해 실력이 늘었을 때 예전에 덮어두었던 책을 다시 펼쳐보곤 한다. 이전보다는 영어 원서 읽기가 수월해진 것을 느끼며 나 자신을 대견하게 여긴다.

빨리 정확하게 영어 원서를 읽어야 한다는 생각 자체를 버리면 생각지도 못한 즐거움을 느낄 수 있다. 책을 읽을 때 시험 보 듯이 한 문장이라도 더 정확히 해석해야 한다는 압박감을 버리고 나면 그동안 보지 못했던 부분이 눈에 들어온다. 책에 곁들여진 그림과 사진, 작가가 진짜 말하고자 하는 이야기, 작가 고유의 표현 방식, 그에 대한 내 생각 등이 보이기 시작한다. 무슨 책을 어떤 방식으로 읽든 크게 상관없다. 그저 내가 즐겁게 꾸준히 읽을 수 있으면 된다. 남과 비교하지 않고 내 방식대로 책을 읽어야 그 시간은 온전히 '나' 자신이 될 수 있다.

믿고 나아가야 목적지에 도착한다

'영어 원서를 읽는 것'과 '아이를 키우는 일'. 이 두 가지는 서로 다른 일이지만 같은 힘이 필요하다. 어렵고 지루하시만 잘 헤내리라 믿으며 끝까지 밀고 나가는 힘.

아이가 돌이 지났을 무렵. 할 줄 아는 단어라곤 '엄마'와 '맘마'가 전부였다. 내 아이와 같은 개월 수인 다른 아이들은 곧잘 문장으로도 말을 잘했다. 또래보다 말이 느린 건 사실이었지만 나는 크게 걱정하지 않았다. 어차피 말은 다 하게 되어 있고, 누가 조금 더 빠르고 느리면 어떤가. 발달 속도는 아이마다 다른 것이지 전혀 문제될 것이 없다고 생각했다. 종종 어떤 사람들은 "돌 지났는데 아직 말 못 해?"라며 무심코 말을 던졌다.

그래도 괜찮았다. 하지만 시간이 점점 지날수록 사람들의 질문이 불편해졌다. 물론 아이를 믿고 기다리면 된다는 건 알고 있었다. 하지만 언제까지 이런 상황이 이어질지, 언제까지 아이를 기다려주어야 하는지는 아는 바가 없었다. 그러던 어느 날, 아이에게 읽어줄 영어 그림책을 고르다가 나도 모르게 가슴이 쿵쾅거렸다.

《레오가 해냈어요 Leo the Late Bloomer》라는 책이었다. 그 책에는 발달이 느린 '레오'의 이야기가 나온다. 레오는 제대로 하는 게 없다. 쓰지도, 읽지도, 말도 못 한다. 레오 아빠는 걱정이 되어 묻는다. 우리 레오에게 무슨 문제가 있느냐고. 그러자 엄마가 "Nothing. Leo is just a late bloomer."라고 대답한다. 그저 늦게 피는 아이라고. 시간이 흐른 뒤 과연 레오는 글도 쓰고, 말도 한다. "Then one day, in his own good time, Leo Bloomed!"

나는 여기서 아이가 성장하는 모습을 'bloom'이라는 단어로 비유한 사실이 마음에 와닿았다. 같은 나무의 꽃봉오리에서도 꽃이 피는 시기가 각각 다르듯이 같은 나이, 비슷한 환경에서 자라는 아이들도 깨우치며 성장하는 속도가 서로 다르다. 마치 한 겨우내 추위를 났던 씨앗이 봄이 오고 날이 따뜻해질 때 꽃을 확 피우는 것처럼 아이도 그렇게 자란다. 책에서 'in his own good time'이라는 표현을 썼듯이 아이들은 저마다 다른 때에 맞춰 성장한다. 나는 레오의 이야기를 읽으며 아이를 믿고 기다려야겠다고 다시 한번 다짐했다.

아이가 자라는 시간을 기다려줘야 하듯, 영어 원서를 읽는 데도 기다림은 필수다. 책 한 권을 읽어내려면 반드시 그에 필요한 시간을 확보해야 한다. 모국어가 아닌 영어로 된 책을 읽을 땐 배로, 아니 세 배, 네 배 이상 시간이 필요하다.

영어 원서 한 권을 읽는다고 해서 영어 실력이 눈에 띄게 달라지진 않는다. 게다가 영어 원서를 편하게 읽을 정도가 되려면 책 몇 권 읽는 것만으론 부족하다. 오랜 기간 꾸준히, 독서를 많이 해야만 영어 문장이 술술 읽힌다.

그렇다. 영어 원서를 읽는 건 기다림의 연속일지도 모른다. 어쩌면 외롭고 막막한 길을 홀로 우두커니 걸어가는 일인지도 모른다. 그러므로 '자기 믿음'은 필수다. 영어 원서 읽기에 익숙해지기까지 수많은 시행착오를 겪더라도 결국 해낼 수 있다는 믿음, 아무리 외롭고 포기하고 싶은 순간이 와도 끝까지 밀고 나갈 수 있다는 믿음, 한 번에 완벽히 읽지 못해도 '잘했어'라며 자신을 다독여줄 수 있다는 믿음. 이 모든 것이 필요하다.

아이를 키우는 것과 영어 원서를 읽는 일은 애정만 있으면 '누구나' 해낼 수 있다. 처음엔 막막하고 두렵지만, 막상 그 길을 걷기 시작하면 스스로 길을 헤쳐 나간다. 어떻게 해서든 그 목적지에 도착한다. 우리 모두 아이를 낳자마자 분유 타는 법, 아이 안는 법, 기저귀 가는 법 등 하나도 제대로 하는 게 없었지만, 어느새 육아 전문가가 되어 눈 감고도 해낼 정도가 되지 않았는가. 처음엔 영어 문장 몇 개 읽는 것도 숨이 찼지만, 이제는 몇 장씩 쉽게 읽어낸다. 다그치지 않고 조바심내지 않으며 포기하지 않으면, 어느새 원하는 목표 지점에 다다를 것이다.

호기심은 또 다른 미래를 끌어당긴다

아이와 있으면서 틈만 나면 멍하니 앉아 여러 가지 생각을 하곤 했다. 아이와 어떻게 시간을 보낼지, 아이가 어떻게 자랐으면 좋겠는지, 어떤 엄마가 되어야 할지 등 아이와 관련된 생각을 떠올렸다. 그러다 보면 그 끝에는 늘 '나'라는 사람이 서 있었다. 내가 어떤 삶을 살아야 행복할지, 내가 할 수 있는 일이 무엇인지 고민으로 이어졌다. 그런데 나는 하고 싶은 일이 있어도 늘 조건을 따져봐야 했다. 바로 '아이를 키우면서 할 수 있는'이라는 조건이다.

양가 부모님이 모두 멀리 계시는 우리 부부에겐 아이를 잠시라도 맡길 곳이 없으므로 '9 to 6' 조건의 근무 환경은 무리였다. 행여 아이가 아프기라도 하면 누구라도 달려갈 사람이 필요하기 때문이다. 하고 싶은 일이 있어도 늘 '불가능'이라는 답답한 결론이 났다.

그런데 영어 원서 읽기를 하며 불투명했던 미래에 희망 한 가닥이 생겼다. '번역'이라는 분야에 관심을 두면서부터다. 번역은 시간과 공간에 크게 제약받지 않으면서 할 수 있는 일이다. 원서를 읽다 보면 마치 내가 번역가가 된 것 같은 느낌이 든다. 아직 한국어로 번역 출간되지 않은 작품을 읽을 때면 더욱 그렇다. 영어 원서 읽기의 가장 큰 매력은 바로 원문을 접한다는 것이다. 누군가의 손, 즉 번역가나 출판사의 손을 거치지 않고 원본 그대로 감상할 수 있다. 실제로 많은 작품이 한국어로 번역될 때 책 제목이나 부제부터 다르다. 가끔은 그런 책들을 보면서 왜 이렇게 번역했는지 의아할 때도 있다.

"말은 '아' 다르고 '어' 다르다."라는 말이 있다. 글도 마찬가지다. 번역하는 사람에 따라 글 분위기가 조금씩 달라진다. 우리나라 말로 정확히 옮길 수 없는 원문은 번역가가 앞뒤 문맥의 흐름에 따라 적당한 한국식 표현으로 바꾸거나, 우리나라 정서에 맞는 단어로 대체하곤 한다. 달리 말하면 번역본은 온전한 작가의 글이 아니라 번역가와 작가의 합작품이라 할 수 있다. 물론 빠르고 쉽게 독서를 하려면 번역본이 좋겠지만, 영어 원서를 읽으면 그 나름의 재미가 있다. 작가의 문체를 직접 느낄 수 있고 글쓴이와 한 호흡으로 글을 읽어 내려갈 수 있다.

영어로 새로운 이야기를 접한다는 것 자체만으로도 상당히 즐거운데, 그 능력을 제대로 키워서 진로와 연결한다면 얼마나 매력적일지 궁금하다. 물론 전업 번역가가 되려면 더 큰 노력이 필요하겠지만 말이다. 어쨌든 나처럼 아이를 키우는 엄마도 일할 수 있는 분야가 있다는 사실이 무척 반가울 따름이다.

지금 당장 번역가가 되어 일하겠다는 건 아니다. 그러나 적어도 내가 가진 작은 실력을 갈고닦으면 번역가라는 멋진 직업을 가질 수도 있겠다는 희망이 생긴다.

이런 호기심 때문에 나는 '번역가'에 관한 수많은 정보를 섭렵했다. 인터넷 포털 사이트 정보, 카페 글, 번역 관련 책을 모조리 구해 읽었다. 사람들이 보통 '번역' 하면 떠올리는 '출판 번역', '영상 번역' 말고도 '산업 번역', '기술 번역', '게임 번역' 등 다양한 분야가 있다는 사실을 알았다. 내가 가진 경력을 고려했을 때 가장 잘 맞는 분야가 어디일지 찾아보았다. 또 어떤 기술을 익혀야만 하는지도 함께 조사했다. 그래서 지금은 그 기술을 익히기 위해 교재를 사서 틈틈이 읽고 관련 강의도 듣는 중이다. 언젠가 내가 차곡차곡 쌓아둔 경험과 실력을 쓸 수 있는 날이 오지 않을까 하는 마음에서다.

"내 언어의 한계가 내 세계의 한계다.(The limits of my language mean the limits of my world.)"

이 말은 유명한 철학자 비트겐슈타인이 한 말이다. 언어를 배우는 것은 단순히 어휘를 더 외우고 알아가는 것만이 아니다. 내가 알지 못했던 새로운 분야에 관심을 두는 것도 커다란 배움이다. '번역가'에 관심을 가지고 새로운 꿈에 도전할 마음이 생겨난 긴 영어 원서를 읽은 덕분이다. 영어를 공부하며 얻는 가장 큰 즐거움은 새로운 성장 가능성을 발견하는 데서 얻는 게 아닐까 생각한다.

영어 원서 속에서 만난 인생 문장

You must try to build yourself up. I want you to get plenty of sleep, and stop worrying. Never hurry and never worry! Gain weight and stay well- that's the way you can help. Keep fit, and don't loose your nerve. Do you think you understand?

너는 자신을 추스르도록 노력해야 해. 내가 바라는 건 네가 잠을 푹 자고 걱정을 하지 않는 거야. 조금도 조급해하지 말고 조금도 염려하지 마! 살 좀 찌고 마음 편히 먹어. 그게 네가 도울 수 있는 길이야. 건강하게 지내고 기죽지 마. 알아들었니?

- 《샬롯의 거미줄 Charlotte's Web》, 엘윈 브룩스 화이트

지친 나를
일으켜 세우다

관계를 돌아보는 여유가 생기다

주말이 있는 이유는 주중에 지친 몸과 마음을 푹 쉬게 하고 돌아오는 주를 위해 재충전하기 위함이다. 그러나 엄마는 주말이 없다. 빨간 날도 없다. 법으로 지정한 휴일에도 엄마는 평소와 똑같은 일상을 맞이한다. 육아와 집안일을 하는 엄마들이 우울감을 쉽게 느끼는 이유도 푹 쉬면서 재충전할 기회가 없기 때문이다.

엄마가 행복해야 아이도 행복하다. 엄마가 행복하려면 온전히 자신만을 위한 시간을 가져야 한다. 그 시간 동안 좋아하는 걸 마음껏 해야 한다. 그래야만 일상을 버틸 힘이 생기고, 불편한 감정들이 조금이라도 씻겨나갈 수 있다.

내게는 영어 원서를 읽는 시간이 그러하다. 영어 원서를 펼친 순간이 온전한 내 시간이며, 마음의 파도를 고요히 가라앉히는 '힐링' 시간이다. 물론 영화를 보거나 TV를 볼 때도 즐거운 순간은 있지만, 책이 주는 매력은 그 무엇보다도 크다.

책은 내가 원하는 곳에서 언제든지 일시 정지가 가능하다. 얼마든지 그 장면과 글귀에 머무를 수 있고 사색할 수 있다. 책을 읽고 나면 내 생각을 글로 적어보고, 책 속 이야기를 머릿속으로 천천히 되감기할 수도 있다. 어디든 들고 다닐 수 있다. 늘 곁에 있는 친구처럼 언제 어디서든 따뜻한 말을 걸어준다. 게다가 영어 원서를 읽으면서 '영어'를 재밌게 익힐 수 있고, 작은 성취감도 느낄 수 있다.

영어 원서를 읽기 시작하면서 내게는 많은 변화가 생겼다. 그중 하나는 내가 남편을 대하는 태도이다. 나는 줄곧 육아와 집안일을 혼자서 도맡아 한다는 생각에 종종 억울함을 느끼곤 했다. 아무리 해도 끝이 없고 티도 안 나는 집안일, 답이 없는 '독박육아'를 하며 희생만 한다고 생각했다. 몸과 마음이 힘들었기에 가장 가까운 사람의 마음조차 헤아릴 여유조차 없었다. 특히 퇴근하고 돌아온 남편이 어깨가 축 늘어진 채 피곤하다는 말을 하면 억울한 감정이 불쑥불쑥 올라왔다. 안 그래도 힘든데 남편의 투정 섞인 이야기를 하나둘 듣고 있으면 마음속에서 꾹꾹 눌러 담았던 '화'가 폭발하기도 했다. 결국엔 참지 못하고 남편에게 볼멘소리를 해댔다.

"안 피곤한 사람이 어딨어. 나도 피곤해. 당신뿐만 아니라 모두가 다 힘든 상황이야. 잠 좀 푹 자보는 게 소원이야. 쉬지도 못하고 매일 반복되는 이 생활이 얼마나 지겨운 줄 당신은 절대 모를 거야. 나, 집에서 편히 쉬는 게 아니라고."

힘들게 일하고 남편에게 수고했다는 말 한마디는 못할망정 누가 더 힘든지 내기라도 할 듯한 태도로 남편에게 쏘아댔다. 그러다 보니 우리 부부 사이엔 소소한 대화도 점점 줄어들었다.

그런데 영어 원서 읽는 재미에 푹 빠진 후로는 내 삶에 조금씩 활기가 돌았다. 혼자 터득한 스트레스 해소법을 이용해 스스로 마음을 제어할 줄 아는 힘이 생겼다.

또한 독서를 하면서 책 속 이야기를 꼭꼭 씹어 내 것으로 만들고 삶에 적용해보기도 한다. 미치 앨봄이 쓴 《모리와 함께 한 화요일 Tuesdays with Morrie》에는 주인공인 모리 교수가 제자 미치에게 결혼 생활에서 중요한 룰을 알려주는 장면이 나온다.

> If you don't respect the other person, you're gonna have a lot of trouble. If you don't know how to compromise, you're gonna have a lot of trouble. If you can't talk openly about what goes on between you, you're gonna have a lot of trouble. And if you don't have a common set of values in life, you're gonna have a lot of trouble. Your values must be alike.
> 상대방을 존중하지 않으면 큰 문제가 닥칠지도 모른다. 타협하는 방법을 모르면 문제가 커진다. 두 사람 사이에 일어나는 일을 터놓고 이야기하지 못하면 더 큰 문제가 생긴다. 그리고 인생의 가치가 서로 다르면 엄청난 문제가 생긴다. 그래서 두 사람의 가치관은 비슷한 게 좋은 거야.

모리 교수가 말하는 부분을 읽으면서 나도 모르게 고개를 끄덕였다. 부부는 인생이라는 큰 바다에서 같은 배를 탄 사이다. 같은 곳을 향해 함께 노를 저어야 한다. 서로 날을 세우고 네 탓 내 탓이라고 떠넘길 것이 아니라 먼저 손을 내밀어주고 보듬어야 한다. 그것이 진정한 가족이고 부부이거늘, 나는 어땠는가. 일방적으로 이해받기를 바랐고 남편의 마음을 헤아려주지도 못했다.

그러나 지금은 다르다. 퇴근하고 들어오는 남편의 어깨를 토닥여주고 "오늘도 고생했어."라고 먼저 이야기해준다. 저녁을 차려주며 남편의 일과를 묻기도 하고 아이가 어떤 재롱을 부렸는지, 오늘 내가 어떤 책을 읽었는지 등 끊임없이 대화를 이어간다. 나뿐만 아니라 남편도 가정을 위해 얼마나 열심히 사는지 진심으로 이해하게 되었다. 이제는 남편에게 늘 감사한 마음이 먼저 앞선다.

흔들리지 않는 육아 철학을 만들다

영어 원서 읽기를 하며 달라진 건 남편과의 관계뿐만이 아니다. 육아하는 태도에도 많은 변화가 생겼다. 아이를 낳고 초보 엄마가 된 나는 수면 교육, 이유식, 책 읽어주는 방법 등에 대해 하나도 아는 게 없었다. 시중에 나와 있는 육아 지침서, 육아 전문가가 이야기하는 말에 귀를 쫑긋 세우곤 했다. 하지만 나는 길을 자주 잃었다. 저마다 주장하는 내용이 달랐기 때문이다. 누구는 아이가 태어난 지 한 달쯤 될 때부터 부모와 따로 자야 한다고 말했다. 다른 전문가는 아이의 기질을 봐 가며 적당한 때에 수면 교육을 하랬다. 도대체 누구 말을 따라야 하는지 종잡을 수 없었다. 아이 키우는 일이 왜 이렇게 힘들고 어렵기만 한지. '적당한 타이밍을 놓쳐서 내가 육아를 망쳐버리면 어쩌지?' 나는 걱정이 들었다.

나는 그에 대한 답을 영어 원서 읽기를 하는 과정에서 얻을 수 있었다. 영어 공부법이나, 육아에는 정답이 없다는 것을. 다양한 독서 방법 중에서도 내게 맞는 방법이 있었던 것처럼 육아에도 내게 맞는 방법은 따로 있다. 아이마다 기질이 다르고 엄마의 성향도 다르다. 그러므로 모든 육아 정보와 지침이 나와 아이에게 맞지 않을 수도 있다. 내게 맞는 방법은 내가 찾아야 한다.

A CRAB said to her son, "Why do you walk so one-sided, my child? It is far more becoming to go straight forward." The young Crab replied : "Quite true, dear Mother; and if you will show me the straight way, I will promise to walk in it." The Mother tried in vain, and submitted without remonstrance to the reproof of her child. Example is more powerful than precept.

어미 게가 아들에게 말했다. "아들아, 너는 왜 옆으로 걷니? 앞으로 똑바로 걸어야 하는 거야." 아들 게가 대답했다. "맞아요, 엄마. 엄마가 나에게 걷는 법을 가르쳐주시려면 먼저 엄마부터 똑바로 걸어보세요. 엄마가 걷는 것을 지켜보고 그대로 따라 할 테니까요." 어미 게가 똑바로 걷는 것을 시도했지만 결국 성공하지 못했다. 그리고 어미 게는 아들을 나무라는 것을 포기했다.

《이솝우화 Aesop's Fables》에 나오는 〈게와 어미 게〉의 이야기다. 아이는 어릴 때부터 부모가 보여준 말과 행동을 배우고 자란다. 나는 이 이야기를 읽고 부모가 아이에게 좋은 본보기가 되어 살아야 한다는 걸 깨달았다. 그리고 그 깨달음은 나만의 육아 철학이 되었다. 다른 사람들 말에 휘둘리지 않으려면 나만의 육아 철학이 필요하다. 육아 철학이 생기니 앞으로 내가 어떻게 행동해야 할지 감이 왔다.

이제 아이가 책에 흥미를 보이지 않는다며 걱정하는 대신, 부모인 내가 먼저 책 읽는 모습을 자주 보여준다. 아이가 짜증 부릴 때 물건을 던지면 먼저 화를 내거나 아이를 나무라지 않는다. 아이를 혼내기 전에 혹시 내가 아이 앞에서 그런 행동을 보이진 않았는지 나 자신을 되돌아본다. 아이가 자꾸 밥을 안 먹고 과자만 찾을 땐 내 식습관을 돌아보고 잘못된 부분은 고치려 노력한다.

나는 내 아이가 행복한 사람으로 자랐으면 한다. 그러려면 엄마인 내가 먼저 행복해야 한다. 더는 다른 사람들이 정해놓은 '좋은 엄마' 기준에 나를 끼워 맞추지 않는다. 앞으로도 아이와 나에게 맞는 방법으로 우리만의 행복을 찾아갈 것이다.

꿈꿀 수 있는 기회를 찾다

혼자 하는 공부도 좋지만, 누군가와 함께 공부하면 그 즐거움은 배가 된다. 오프라인 스터디 모임에 참석하고 싶었지만, 현실이 따라 주지 않는다. 그래서 나는 SNS에 그날 읽은 영어 원서에 관한 글이나 영어 공부에 도움이 되는 팁을 정리해서 올린다. 나와 같은 취미를 가진 사람들과 댓글로 소통하며 정보를 나누니 함께 공부하는 느낌을 받을 수 있다.

그러던 어느 날 한 워킹맘이 내 블로그를 통해 상담을 신청했다. 아이 둘을 키우며 간호사로 일을 하는 분이었다. 아이들이 커갈수록 엄마인 자신부터 영어 공부를 해야겠다는 마음이 들었다고 했다. 시간과 경제 면에서 여유가 많지 않은데 영어 공부를 어떻게 하면 좋을지 내게 조언을 구한 것이다. 아이를 키우는 엄마로서 같은 입장이기에, 그녀의 마음을 충분히 이해했다. 긴 대화 끝에 내가 그녀를 도와주기로 했다.

위춘이 쉽지 않았던 나는 온라인 코칭을 진행했다. 워킹맘 학생은 읽기와 듣기는 무리 없었으나 말하기가 전혀 되지 않았다. 그래서 가장 먼저 영어 발음 교정, 악센트 주는 법, 영어 문장의 큰 구조 익혀 말하기부터 훈련시켰다. 숙제도 내주었다. 적절한 책을 하나 골라 매일 한 페이지씩 읽고 문장들을 통째로 외우게 했다. 그 학생은 간단한 문장이지만 주어에 따라 동사를 제대로 변형시키지 못했고, 의문문 만드는 것을 어려워했기 때문이다.

사실 읽기와 듣기를 잘한다고 해서 말을 할 때 완벽한 문장을 저절로 술술 말할 수 있는 건 아니다. 그러려면 짧고 간단한 영어 문장을 많이 말해보고 외워야 한다.

3교대 근무 특성상, 워킹맘 학생은 잠 한숨도 못 자고 나와 함께 공부한 적도 있다. 하지만 워킹맘 학생은 단 한 번도 수업을 미루거나 숙제를 게을리한 적이 없었다. 그렇게 3개월이 지났다. 그녀는 어느새 간단한 문장들로 자기 의사 표현을 할 수 있는 수준에 이르렀다.

내가 가진 경험과 노하우로 누군가가 새로운 일에 도전할 수 있는 용기와 실행력을 끌어내도록 도와주었다는 사실에 가슴이 벅찼다. 이 일을 계기로 나는 어떤 일을 하며 살아가야 할지에 대한 답을 얻을 수 있었다. 그건 바로 어떤 방식으로든 내가 가진 것을 사람들과 나누며 소통하는 일이다.

때로는 시간과 이동에 제한이 따르는 현재의 삶에 불만을 가진 적도 있었다. '내게 시간이 조금 더 많았더라면' 하는 아쉬움이 늘 따랐다. 그런데 더는 내 뜻대로 되지 않는다고 불안해하거나 불평하지 않기로 했다.

고사성어에 '무위이화(無爲而化)'라는 말이 있다. 애쓰지 않아도 저절로 이루어지는 상태로 유지된다는 뜻이다. 모든 일은 순리대로 흘러간다. 지금 이 순간 최선을 다하면 내가 원하는 삶을 살 수 있다는 것이다.

"사람들은 자신이 누구인지 모른다. 이것은 기억을 상실하여 자신이 누구인지 모르고 살아가는 사람과 다를 바 없다. 자신을 아는 것이 모든 것의 출발점이다."

김우타의 《구도여행과 소리 없는 소리》에 나오는 이야기다. 나는 아이를 낳고 영어 공부를 시작하기 전에는 내가 무엇을 좋아하는 사람인지, 내가 무엇을 잘할 수 있는지 알지 못했다. 그저 아이를 잘 키우고 집안이 잘 돌아가게끔 정신을 꽉 붙잡고 있는 것만이 내가 해야 할 일이라 여겼다.

하지만 우연히 영어 공부를 다시 하며 내가 어떤 사람인지 조금씩 알게 되었다. 나는 사람들과 소통하며 배우는 것을 좋아한다. 누군가에게 도움을 줄 때 가장 보람을 느낀다. 그리고 눈에 보이는 결과물을 위해 영어 공부를 하기보다는 행복해지기 위해서, 나를 잃지 않기 위해 공부를 한다. 영어 공부 방법에는 여러 가지가 있지만, 그 수많은 방법론에 얽매이지 않고 내게 맞는 길을 스스로 찾아 나섰다. 오늘도 온전히 나만을 위한 시간에 영어 공부를 할 수 있음에 감사하고 행복을 느낀다.

영어 원서 속에서 만난 인생 문장

Knowing what you want is the starting point of personal progress and career success. You can have almost anything you want in life, but first you have to decide what it is.

자신이 원하는 게 무엇인지 아는 일은 스스로의 발전과 커리어 성공에 있어서 가장 기본 중의 기본이다. 인생에서 원하는 게 뭐든 당신은 거의 다 가질 수 있다. 그러나 무엇을 가질 것인지 먼저 정해야 한다.

– 《Personal Success》, Brian Tracy

'내'가 존재하는 삶

자신을 아낄 줄 아는 내가 되다

오전 시간 아이와 함께 영어 동요 CD를 듣는다. 아이는 노래를 따라 부르며 신이 난다. 아이가 즐거워하는 타이밍을 노려 재빨리 아침을 먹이고 나면, 이젠 내가 밥을 먹을 차례다. 하지만 아이는 단 1분도 쉬지 않고 온 집을 돌아다니며 에너지를 마구 발산한다. 내가 밥을 먹을 때도 놀아달라고 조른다. 그럴 때 아이에게 영어 애니메이션 〈까이유 Caillou〉 DVD를 틀어주면 밥을 제대로 먹을 수 있다.

"우리가 먹는 음식은 곧 우리 자신이다."라는 말이 있다. 내가 무엇을 먹느냐에 따라 내 건강과 피부, 정신 상태가 결정된다. 건강한 음식을 먹으면 몸과 마음도 건강하다. 부실하게 먹으면 몸도 마음도 부실해진다. 그래서 나는 요즘 적어도 하루에 한 끼만큼은 잘 차린 식단으로 챙겨 먹는다.

한때 나는 자주 곡소리가 나올 정도로 유난히 몸이 피곤하다고 느꼈다. 처음엔 그저 만성 수면 부족으로 인한 피로감이라 생각했다. 그러나 아무리 잠을 자도 피로감은 없어지지 않았다. 더 큰 문제는 따로 있었다. 몸이 힘드니 아이가 하는 작은 행동 하나하나에도 내가 예민해졌다. 목 뒤가 뻣뻣하게 굳어서 머리도 아팠다. 소화도 잘 안 되었다. "엄마! 엄마!" 하고 아이가 부르면 내 미간은 절로 찡그려졌다. 아이와 놀아주고 집안일을 하다 보면 내 체력은 금세 바닥났다.

이런 상황에선 아무것도 할 수 없었다. 영어 원서는커녕 종이 한 장 넘기기조차 힘들었다. 습관처럼 책은 붙잡고 있었지만, 한 장도 읽지 못하고 그 자리에서 책을 덮어버리거나 꾸벅꾸벅 졸기 일쑤였다. 그러다 보니 책을 읽거나 필사하는 일은 자연스럽게 뒷전이 되고 말았다. 방전된 상태로 침대에 멍하니 있으면 몸은 편했지만, 마음은 편하지 않았다. 정말이지 내 저질 체력이 원망스러웠다. 영어 원서를 읽으면서 잠시나마 현실을 벗어나는 즐거움을 누릴 수 있었는데 피곤하다는 이유로 좋아하는 책을 멀리하다니.

위기는 새로운 변화를 위한 발판이라고 했다. 견디지 못할 정도로 만성 피로감을 느낀 덕분에 그 시간 동안 오히려 나를 되돌아볼 수 있었다. 그리고 깨달았다. 아이를 키우면서 내가 나를 위한 밥상을 제대로 차려본 적이 별로 없다는 것을. 아이 식사는 하루 세끼 꼬박꼬박 잘 챙겨주고, 퇴근한 남편 밥상도 잘 차리면서 내가 먹을 밥상엔 왜 그리도 인색했던 걸까.

가족들과 함께 먹을 때가 아니면 내가 먹을 밥이나 국, 반찬을 상에 차린 기억은 그리 많지 않다. 아이가 더 어릴 땐 온종일 아이를 안느라 식사 대신 커피, 빵, 군것질로 배를 채우곤 했다. 그런데 어느새 그게 습관이 되어 밥 차려 먹는 게 대단한 일처럼 느껴졌다. 어쩔 땐 1주일이 넘도록 쌀 한 톨도 먹지 않고 군것질만으로 끼니를 때웠다. 그런 나를 잘 아는 부모님은 전화할 때마다 "밥은 챙겨 먹었니?" 하며 물어보셨다. 안 먹었다고 대답하면 나중에 건강을 생각해서 그러면 안 된다고 잔소리하실

게 뻔했기에 "먹었어요."라고 둘러댔다.

나는 내 몸을 잘 아껴주지도 않으면서 '나'로서 삶을 살기를 바랐다. 좋아하는 공부를 하고, 영어 원서를 읽는 것만이 '나다운' 삶이라 여기고 열심히 달려왔다. 그러나 가장 중요한 점을 간과하고 있었다. 그건 바로 몸의 신호를 알아차리고 나를 아껴주는 것이다.

하루에 단 한 끼만이라도 나 자신을 위한 애정을 담아 밥상을 차려 먹는 것. '내'가 존재하는 삶을 살기 위해선 이 작은 실천 하나가 매우 중요하다. 사랑하는 가족과 아이를 위해 든든한 울타리가 되려면 내가 건강해야 하니까. 좋아하는 일을 하고, 읽고 싶은 책을 마음껏 읽으려면 체력이 받쳐줘야만 하니까.

그래서 나는 건강한 식습관을 가지기로 했다. 삼시 세끼를 다 챙겨 먹을 순 없었지만, 하루에 단 한 끼라도 나만을 위한 밥상을 차렸다. 더는 빵이나 과자로 온종일 배를 채우지 않았다. 아이가 보챌까 봐 서서 먹던 것도 그만두었다. 아이에게 영어 DVD를 틀어주더라도 식탁에 앉아서 천천히 먹었다.

지금은 아침에 일어나서 차가운 커피에 얼음을 동동 띄워 배 속에 들이붓는 습관도 멈추었다. 대신에 물을 한잔 마신다. 커피

만큼 잠을 달아나게 해주지는 않지만, 만성 속쓰림을 해결하려면 카페인을 끌어당기는 충동은 잠시 참아야 한다. 식사하고 소화가 어느 정도 된 후에 커피를 마신다. 가끔 남편이 아예 커피를 끊으라고 말한다. 솔직히 그건 자신 없다. 육아하는 엄마들에게 커피란 둘도 없는 친구다. '커피 수혈'이란 말이 생길 정도로 커피는 떼려야 뗄 수 없는 아군이랄까. 하루에 커피를 한 잔만 하는 것도 큰 타협이다.

식습관을 바꾸니 몸이 조금씩 가벼워졌다. 아이와 함께 놀아주는 것도 예전만큼 힘들지 않다. 이젠 운동이라 생각하고 그 시간을 즐길 줄 안다. 몸이 회복하면서 이랬다저랬다 했던 내 기분도 점점 완화되었다. 마음이 차분해지고 여유가 생기니 영어 원서를 더 자주 펴게 된다.

우리 집 풍경을 바꾼 '읽는 취미'

엄마로 살다 보면 그럴 때가 있다. '아이'를 중심으로 흘러가는 삶에서 '나'라는 사람이 전혀 존재하지 않는 것 같은 기분이 드는 순간 말이다. 내 가방 속에 꽉 찬 아이 용품, 아기자기했던 신혼집에서 새로운 주인이 된 알록달록한 장난감과 교구들, 나와 남편이 읽던 책 대신 아이 그림책이 차지한 소파를 보면 그런 기분이 들 만도 하다. 이젠 내 이름보단 '누구 엄마'로 불리는 순간이 더 많으니까.

부모로서 삶이 온통 아이에게 기울어지는 건 당연하고 또 기쁜 일이다. 그러나 존재감이 큰 아이 곁에서 한없이 옅어지는 '나'란 존재를 보면 마음이 울적해지곤 한다. 그렇다고 나 하나만 생각하며 살던 시절로 다시 돌아가고 싶은 건 아니다. 그저 아이에게 최선을 다하는 삶을 살되 그 안에서 '나'를 놓치지 말아야겠다고 생각한다. 영어라는 언어를 거쳐 책 한 권을 읽는 과정 속에서 내가 살아 있다고 느낀다. 즐겁다. 그래서 잠시라도 틈만 나면 원서를 펼치려 한다.

아이와 함께하다 보면 거실, 아이 방, 부엌, 베란다 등 여기저기 정신없이 장소를 옮겨가며 함께 놀아주게 된다. 그러다가 아이가 스스로 잘 노는 순간이 온다. 나는 그 짧은 순간이라도 책을 읽어야겠다는 생각이 들었다. 하지만 내가 책을 가지러 가기 위해 일어서면 아이는 놀이를 멈추고 나를 졸졸 따라왔다. 결국엔 책을 가지러 가지도 못한 채 꼼짝없이 아이에게 집중해야 했다. 다음 '틈새 시간'이 찾아올 때까지.

어떻게 하면 아이가 혼자 잘 놀 때 바로 책을 펼칠 수 있을지 고민을 하던 찰나에 좋은 아이디어가 하나 떠올랐다. 아이와 내가 자주 머무는 공간에 책을 미리 갖다 두기로 한 것이다. 나는 곧바로 요즘 읽는 영어 원서나, 읽었던 책, 혹은 필사 노트 등 읽을거리를 갖다 놓았다. 글을 집중해서 많이 읽지는 못하더라도 일단 책을 집어 들어야만 잠시나마 내 시간을 가질 수 있다. 그리고 집 어느 곳에서든 내 손에 책 한 권만 있으면 바로 거기가 '나'를 위한 공간이 된 것 같았다. 그 후론 아이 손에 이끌려 어디로 가든 우리는 각자의 '놀잇감'을 가지고 시간을 보낼 수 있었다.

나만의 취미를 즐기고 싶다는 간절함은 우리 집 풍경을 바꿔 놓았다. 우리 집에는 책들이 여기저기 곳곳에 놓여 있다. 솔직히 말해서 SNS에서 흔히 볼 수 있는, '미니멀 라이프' 스타일로 꾸민 깔끔한 집과는 거리가 멀다. 그러나 책이 널브러져 있는 우리 집 풍경이 꽤 마음에 든다. 책에는 추억과 감정이 깃들어 있다. 책 표지만 봐도 그 책에 담긴 기억이 떠오른다. 우리 집엔 나와 아이의 추억이 곳곳에 스며 있다. 아이와 함께 앉아서 책을 펼치는 순간, 내가 소소한 취미를 즐기며 행복해하던 순간들이 고스란히 떠오른다. 깔끔하진 않아도, 추억이 묻어나는 우리 집 풍경이 참 좋다.

엄마가 읽으면 아이도 따라 읽는다

"이건 엄마 책. 이건 우진이 책."

아이는 오늘도 양손에 책을 한 권씩 들고 내게 온다. 한 손에는 내가 읽는 영어 원서, 다른 한 손에는 아이가 좋아하는 자동차 그림책이 들려 있다. 우리는 나란히 앉아 각자 책을 본다. 아이는 그림책 속 자동차 그림을 보고, 나는 영어 원서 속 문장을 하나씩 읽어 내려간다. 비록 몇 분도 채 지나지 않아 아이가 다른 놀이를 하자고 조르지만, 단 몇 분이라도 아이와 함께 평화로운 순간을 보낸다.

요즘 육아 전문가들은 책 좋아하는 아이로 키우고 싶다면 부모가 직접 책을 읽어주라고 이야기한다. 그러면 어느새 아이가 책을 스스로 집어 드는 순간이 온다는 것이다. 하루에 15분 읽어주기, 하루에 책 한 권 읽어주기, 틈만 나면 계속 읽어주기 등 그들이 내세우는 의견은 각양각색이다.

나 역시 내 아이가 책을 좋아하길 바랐다. 돌도 안 되었을 무렵 유명하다는 전집을 통째로 추천받아 산 적도 있고, 직접 서점을 방문한 다음 인기 상품을 위주로 싹 쓸어 담아 오기도 했다. 거금을 투자하여 책을 많이 샀으니 열심히 읽어주는 일만 남은 상태였다. 아이 책장에 꽂힌 책을 보니 어마어마한 양에 나도 모르게 조바심이 났다. 장난감을 가지고 놀던 아이를 무작정 끌고 와 내 무릎에 앉혔다. 그리고 아이에게 책을 읽어주었다.

아이는 몇 초도 지나지 않아 엉덩이를 들썩이더니 결국엔 장난감이 있는 곳으로 가버렸다. 그런 아이를 다시 끌고 와서 억지로 책을 읽었다. 역시나 이번에도 아이는 흥미를 보이지 않았다. 좌절감을 느꼈다. 나는 딱히 그럴 만한 해결책을 찾지 못했다. 그리고 며칠 만에 책 읽어주기를 포기했다. 솔직히 말해서 아이가 책에 흥미를 보이지 않는다는 사실을 마주하는 것이 두려웠다. 그마저 내가 부족한 엄마라는 걸 보여주는 증거라고 생각했다. 내가 더 어릴 때부터 책을 읽어주지 않아서, 내가 사랑으로 감싸주지 못해서, 내가 잘못된 방식으로 육아를 해서…. 이유라면 끝도 없었다. 마음이 괴로웠던 나는 '시간이 지나면 해결되겠지.'라는 핑계만 댔다. 아이와 책 사이에서 씨름한다는 생각만 해도 마음이 괴로웠다. 그저 그 상황을 피하고 싶었다. 그 후로 한동안은 아이에게 책을 읽어주지 않았다. 육아로 인한 무기력감과 우울감이 최고 수치를 찍고 있었다.

나는 무기력한 마음을 달래고자 독서를 시작했다. 영어 원서는 내게 '못난 엄마'라는 죄책감에서 잠시 탈출할 수 있는 도피처 같았다. 책을 읽는 순간만큼은 다른 생각이 들지 않아 마음이 평화로웠다. 그러자 영어 원서를 펼치는 습관이 내 일상에 점점 스며들었다. 아이와 함께 있으면서도 틈틈이 영어 원서를 들여다보았고 아이를 안은 채로 영어 원서를 낭독하기도 했다.

그러던 어느 날 놀라운 일이 벌어졌다. 자동차 장난감 놀이에만 관심 있던 아이가 스스로 그림책 한 권을 들고 내 곁으로 온 것이다. 읽어달라는 거였다. 놀랍고도 기쁜 마음으로 책을 읽어주었다. 그렇게 얼떨결에 책 육아가 시작되었다. 도대체 아이는 어떻게 책에 관심이 간 걸까?

잠깐 소설가 무라카미 하루키의 이야기를 해보려고 한다. 그는 고등학교 중반쯤부터 영어 소설을 원문으로 읽었다고 한다. 딱히 영어를 잘하는 건 아니었지만, 일본어가 아닌 언어로 읽는 기분이 어떨지 호기심에 시작한 일이라고 했다. 그리고 수십 년이 지난 지금 그는 여전히 영어 원서를 즐기며 간간이 영어 번역일도 한단다. 그의 이야기는 호기심이 주는 힘이 얼마나 강력한지를 알려준다.

그러고 보니 아이 시선엔 늘 엄마의 영어 원서가 있었다. 아이는 영어 원서를 장난감처럼 가지고 놀았다. 내가 책을 보면 아이는 호기심 가득한 눈으로 내 책을 이리저리 살펴보았다. 그 호기심이 고스란히 그림책으로 옮겨간 것이다. 나를 잃기 싫어서 붙잡은 책은, 어쩌다 책 육아까지 한 번에 해결해주었다.

나는 지금도 아이에게 책을 읽어준다. 한글 그림책, 영이 그림책, 고전 작품, 영어 DVD 대본 등 다양한 콘텐츠를 활용한다. '하루에 몇 분', '하루에 몇 권'과 같은 기준은 딱히 정해놓지 않았다. 아이의 컨디션에 맞게 적당한 시간대에 아이가 지루해하지 않을 만큼 읽어준다. 절대로 내 욕심을 부리려 하지 않는다.

"아이들은 그대들을 통해 왔지만, 그대들에게서 온 것이 아닙니다. 아이들은 그대들과 함께 있지만, 그대들의 소유가 아닙니다. 그대들은 아이들에게 사랑을 줄 수는 있지만, 그대들의 생각까지 줄 수는 없습니다. 그들에겐 그들의 생각이 있기 때문입니다."

칼릴 지브란의 《예언자 The Prophet》에 나오는 이야기다. 아이는 부모에게 귀한 손님이다. 따라서 부모가 바라는 것을 아이에게 강요해서는 안 된다고 말한다. 부모는 아이를 옆에서 지켜보며 아이 뜻대로 잘 자라도록 도와주어야 한다. 아이가 자동차를 좋아하면 자동차 책을 실컷 읽어주고, 공룡을 좋아하면 공룡 책을 마음껏 읽어주면 된다. 아이는 엄마의 등을 보고 자라며, 아이는 엄마의 거울이다. 따라서 책 읽는 엄마를 보고 자란 아이는 책을 좋아한다. 만약 아이에게 바라는 바가 있다면, 부모인 우리가 먼저 본을 보여야 한다는 것을 잊지 말자.

영어 원서 속에서 만난 인생 문장

In my previous life, I was free. I could carve my own path and follow my dreams. Nothing stood in my way. But the path was unsure and the vision blurred. No one ever have me purpose enough to soar. Now, I endlessly rearrange piles of laundry, crumbs and toys. I am pulled and tugged, hassled and harassed, stepped on and sat upon, and desperate for some solitude. I am jean-clad and juice-stained, bleary-eyed and graying, underpaid and overwhelmed. And, sometimes I wonder who I am and what I've become. Then, one of my children shouts, "Mommy, I need you!" and it is perfectly clear. I am the center of the Universe. I am MOM.

전생에 나는 자유로웠다. 내 길을 만들어가고 꿈을 좇을 수 있었다. 무엇도 나를 가로막지 않았다. 하지만 그 길은 불확실했고 시야는 뿌옇게 흐려 있었다. 누구도 내게 높이 솟아올라야 할 이유를 심어주지 못했다. 지금 나는 끊임없이 빨래를 하고 과자 부스러기와 장난감을 치운다. 이 아이 저 아이가 와서 소매를 잡아끄는 통에 이리저리 치이고 깔리면서 잠시라도 혼자 있기를 간절히 원했다. 청바지에는 늘 주스 얼룩이 묻어 있다. 눈은 피곤해서 게슴츠레하고 군데군데 새치가 눈에 띈다. 가끔은 내가 누구인지, 어쩌다 여기까지 왔는지 스스로에게 묻는다. 그때 아이가 소리친다. "엄마, 이거 해줘요!" 그 순간 모든 게 분명해진다. 나는 우주의 중심이다. 나는 엄마다.

– 《Chicken Soup for the Expectant Mother's Soul》, Jack Canfield

· 에필로그 ·

엄마가 행복해야
아이도 행복합니다

 아이를 낳고 난 후 내 머릿속에는 온통 아이 생각뿐이었다. 이 아이를 대체 어떻게 키워야 잘 키우는 것인지 고민하며 매일 마음을 졸여야 했다. 하지만 그 고민의 끝엔 늘 내가 있었고 결국, '나는 과연 잘 살고 있는 걸까?'라는 생각에 이르렀다.

 내가 직시한 나는 주어진 삶을 현명하게 대처하지 못하는 '헛똑똑이'였다. 늘 남들의 시선을 의식했다. 그리고 주변 사람들의 기대에 저버리지 않으려 발버둥 치느라 정작 나 자신이 원하는 것이 무엇인지 알지 못했다. 그렇게 내 마음엔 틈이 생겼다. 틈은 점점 커지면서 이내 마음이 공허해졌다. 사는 게 재미

없었다. 센다 타쿠야는 "최악의 상태야말로 진정한 독서를 할 시기다. 행복의 절정기에 운명의 책과 만나는 사람은 없다."라고 말했다. 그의 말처럼 내가 울적하고 괴로운 마음을 느끼지 않으려고 찾았던 건 책, 바로 영어 원서였다.

가끔 사람들은 내게 묻는다. 왜 하필 영어 원서를 읽느냐고. 도대체 나는 하고많은 취미 중에 왜 영어 원서를 읽을 생각을 했던 걸까? 가장 큰 이유는 바로 영어로 책을 읽는 것 자체가 즐거워서이다. 여행을 즐겁게 하려면 내가 좋아하는 일들로 일정을 채워야 한다. 마찬가지로 삶을 즐겁게 살려면 내가 좋아하고 원하는 것을 해야 한다. 내 마음에 귀 기울이고 원하는 것을 마음껏 하도록 해주어야 한다. 나는 외국어를 배우는 일과 독서를 좋아한다. 그런 의미에서 '영어 원서 읽기'는 그야말로 내게 안성맞춤이다.

또한 영어 원서를 집중하며 읽다 보면 허한 마음을 느낄 새가 없다. 24시간 정신없이 돌아가는 일상 속에서 내 마음을 챙기기란 쉬운 일이 아니다. 어느새 나 자신의 가치가 떨어지는 것만 같을 때가 있다. 그럴 때 내 마음엔 감정이 새어 나가고 무기력해지는 틈이 생겨난다.

무기력해지지 않으려면 내가 살아 있음을 느껴야 한다. 나는 어떤 일에 몰입할 때 살아 있음을 느낀다. 즐겁고, 가슴이 꽉 차고, 날아갈 것만 같은 기분. 영어 원서 속 문장들을 만나는 순간 나는 온전히 마음을 빼앗긴다. 그러면 어느새 내 마음은 에너지로 가득 차 있다.

"여러 해에 걸쳐 수천 명에 달하는 사람들과 이야기하며 우리 모두에게 공통된 소망이 한 가지 있다는 것을 깨달았다. 그건 '자기 자신이 가치 있게 여겨지고 싶다'는 소망이다."

미국 방송인 오프라 윈프리가 저서 《내가 확실히 아는 것들 What I Know for Sure》에서 한 말이다. 인간은 누구나 자기 자신이 사랑받고 가치 있는 사람이길 원한다. 우리는 무언가를 성취하고 칭찬받을 만큼 훌륭한 업적을 남겨야만 가치 있는 사람이라고 생각한다. 그러나 이러한 생각은 잘못되었다. 오히려 나 자신과 남을 비교하며 열등감을 느낀다. 나 자신을 가치 있게 만들려면 내가 나를 사랑하고 스스로를 가치 있는 사람이라 여겨야만 한다. 자존감이 높은 사람은 자기 자신을 사랑하는 힘이 있다. 부족한 점이 있다 할지라도 그런 자신을 인정하고 괜찮은 사람이라고 여긴다. 자기 색깔을 없애거나 위축시키는 일보다 즐겁고 기분 좋은 일에 더 집중한다.

    나는 내 아이가 자존감이 높은 아이로 컸으면 하는 바람이 있다. 내가 아이를 사랑하듯 아이도 그렇게 자기 자신을 사랑했으면 한다. 그러려면 부모인 내가 먼저 나를 사랑하고 아껴주어야 한다. 바쁜 일상 속에서도 끝까지 나를 잃지 않고 흥미 있는 일에 에너지를 쏟는 것, 그 과정에서 나만의 인생철학을 가지는 게 내가 나를 사랑하는 방식이다. 그래서 나는 오늘도 내일도 그다음 날에도 영어 원서를 읽고 나만의 인생 문장에 밑줄을 그으며 마음에 새겨둘 것이다.

하루 한 장
엄마의 영어책
읽기 습관

1판 1쇄 발행 2021년 1월 11일

지은이 장정아
펴낸이 이도은

편　집 김리라
디자인 DESIGN Solt

펴낸곳 레몬컬처
출판등록 2013년 12월 26일 제305-2013-000038호
전자우편 lemonculture@hanmail.net

ISBN 979-11-88840-06-9 (13590)

Copyright ⓒ 2021 by LEMON CULTURE
Printed in Korea

• 이 책은 저작권법의 보호를 받는 저작물이므로 무단전재와 무단복제를 금하며, 이 책 내용의 전부 또는 일부를 사용하려면 반드시 저작권자와 레몬컬처의 서면 동의를 받아야 합니다.
• 잘못되거나 파손된 책은 구입하신 서점에서 교환해드립니다.
• 책값은 뒤표지에 있습니다.